安保法制違憲訴訟

私たちは戦争を許さない

寺井一弘
伊藤真
編著

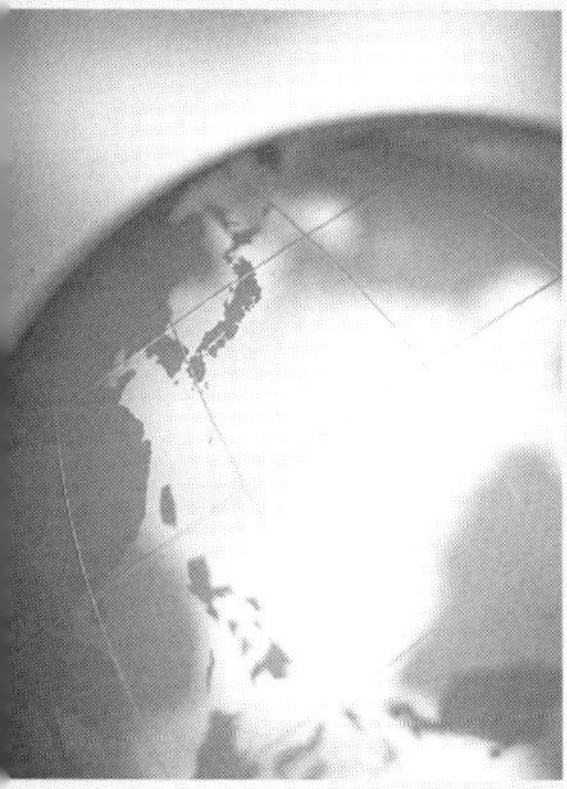

日本評論社

目　次

第一　まえがき

私ごとで大変恐縮ながら、まず私の生い立ちについて若干紹介させていただきたいと思います。それは私の生き方や戦争についての考え方と安保法制を憲法違反とする裁判を提起して仲間と共に展開してきた動機に深く関わっているからです。

私は九州の長崎出身ですが、「満州鉄道」の鉄道員だった父と貧農の長女だったため満州に送られて旅館で働いていた母との間に生まれ、三歳の時に満州で終戦を迎えました。私が中国残留孤児となる一歩手前のところを母が父の制止を振り切り、身体を張って長崎に連れ帰ってきたことを両親から何度も聞かされました。一九四五年八月九日に満州に侵入してきたソ連軍の質は大変低く、日本人に対して際限のない残虐行為を繰り返しました。満州にいた日本人のほとんどが何としても子供だけは生かしたいとの思いから、自分の子供を中国人に預けたようです。私の父も例外でなく私を中国人に預けましたが、母は泣きながら抵抗したということでした。父は「下手な感傷に浸っている場合でない」と言って母と私を引き離して日本へ帰る引き揚げ船に乗るため波止場に向かったそうです。しかし、母が号泣しながら後ろを振り返った際、五〇メートル後ろにリュックサックを背負って母を追い続けてきた私の姿を発見しました。それを見た母は割れんばかりの声をあげて私のところにやって来て私を抱きしめ、「お母さんが悪かった。本当にごめん。たとえ殺されることになってもお前を離すことは絶対にしない」と泣き叫んだと聞かされました。四〇年近く親交いただいている映画監督の山田洋次さんは終戦の時に満州におられて一三歳当時のことを詳細に記憶されていて、それを踏まえて帰国後「男はつらいよ」など数々の人情味溢れる名作を世に送っておられますが、幼なかった私の殆んどの経験は繰り返し語ってくれた両親の話に基づいております。

こうして私は原爆で被災した長崎に戻ることができましたが、引揚げ者であった私たち家族の生活は大変貧しく、母は農家で使う縄や筵《むしろ》を綯《な》うため朝から晩まで身を粉にして働き通しました。いつも夜遅くまで仕事をしながら「長崎の鐘」を大きな声で歌っていた記憶は忘れることはできません。私は爆心地の上に新設された高校に入学しましたが、その頃の母は結核の病に冒されて長期入院するに至りました。そして母は二四年前にくも膜下出血でこの世を去りましたが、最後の病院で全身のあちこちがボロボロになっていることを医者から聞かされた時は、さすがの私も涙が止まりませんでした。

このように戦後五〇年近くを生き抜いてきた私の母でしたが、小学校に入った時から高校を卒業するまで耳にタコができるほど、「お前は苦難の末、奇跡的に故郷の長崎に戻って来られたのだから、戦争を憎み、貧困と差別をなくすため力を尽くす人間になれ」「どんなことがあっても平和を守るために最善の努力をせよ」と私を導き続けました。おそらく私の母と同世代の女性の方々は同じような思いで戦中戦後を生き抜いてこられたに違いありません。

私が残留孤児になることなく日本に戻り、弁護士として仕事ができているのは私を命懸けで満州から長崎に連れ帰り、戦後を必死に生き抜いてきた母のおかげであり、まぎれもなく亡き母は私の生き方の原点として私の存在そのものと思想を支え続けてくれています。微力ながら私がこれまで人権と民主主義、そして平和を守るためのささやかな活動に携わってこられたのは母に叱られないような生き方をしようと心がけてきたからにほかなりません。私が安保法制違憲訴訟全国ネットワークの代表の仕事を続けているのは母の遺言と心得ている次第であります。

ところで、実際の戦後日本の政治状況はどうなっているでしょうか。塗炭の苦しみを近隣諸国の民衆や日本国民に与えた「戦争」への深い反省の上に制定された日本国憲法を空洞化する政治が進められてきたのではないかと思っています。とりわけ憲法九条の乱暴きわまる破壊の策動は、第二次安倍政権のもとで桁違いに加速されました。そして安倍氏は首相に返り咲いてから今までの八年間近く、一貫して「戦争できる国づくり」を進め、平和憲法の破壊のために躍起になってきました。その典型が集団的自衛権の行使を容認した「安保法制」を強行した二〇一四年の「七・一閣議決定」と翌年九月一九日の改正法の国会成立でしたが、それを取り繕おうと詭弁を弄したのが安倍政権と自民党による「最高裁砂川判決」の強引かつ恣意的な歪曲でした。「砂川判決」が集団的自衛権については何も触れておらず判断していないのは当たり前の常識ですが、彼らはそこに根拠をおいて国民を欺き続けてきました。かかる牽強付会、黒を白と言いくるめる政治的手法が安倍政権の基本的特徴であって、人間にとって大切な知性も理性も感じられない恐るべき事態となっています。

安倍政権のこうした強引な政治的手法は多くの国民の批判と反撃に合い、昨年の参議院選挙で得票を二四〇〇万票減じて全体の得票率は有権者のわずか一六・七%となりました。そして最近の世論調査では安倍政権誕生以来最低の三〇％台の支持率に落ち込んでいました。まさに客観的にはレームダック（死に体）状態にあると言ってよい状況でした。然るに安倍首相は「コロナ禍」対策も十分できていない状況下にあるにもかかわらず、自分の任期中に「憲法改正」を断行する旨を繰り返し強調し、七月に入ってからは「敵基地攻撃能力保有」を画策するに至りました。集団的自衛権の行使を容認した安保法制のもとで現在の自衛隊は専守防衛から大きく逸脱した海外派兵型の組織に変貌していますが、私はいつでもどこでも戦争できる体制が整ってきていると考えています。今日の情勢について多くの識者が「戦後が終わって戦前となってきている」と指摘していますが、これは決して大袈裟でない表現であります。かかる事態について、私の亡き母と同じく厳しい戦争体験を経て戦後の苦難の時期を必死に生きてこられた多くの国民の皆様は一体どのように受け止めておられるのでしょうか。「憲法九条は世界遺産」という書籍（かもがわ出版）を昨年刊行された自由民主党の元幹事長の古賀誠氏は東京平河町の事務所において私に対して自らの戦争体験を踏まえ、平和憲法を守ることは思想信条や党派を超えた国民的課題であると丁寧に説いてくれましたが、「憲法改正」を目論む政権与党の国会議員らには、この古賀氏の必死の呼びかけに誠実に応えてほしいと切望してやみません。

そうした危険な政治情勢にあって、私たちは後述するように「安保法制は憲法違反」とする訴訟を四年半前の四月二六日に提起し、心ある仲間と共に現在全国で二五の裁判を展開しています。その詳しい経過と現状については次章に紹介する通りであります。

私はこの間、違憲訴訟が提起されている全国各地を廻ってきましたが、コロナ禍の影響もあって、平和運動を進める仲間同士の会議や集会が自粛され、「安保法制」や「集団的自衛権」の言葉が死語になりつつあるとの嘆きの声を聞かされました。ヒットラーは「わが闘争」の中で「ドイツ人民は忘却することに大変優れている」と豪語しましたが、自民党政権もそれを忠実に模倣しようとしています。沖縄辺野古基地のテント村には「諦めた時が敗北である」との垂れ幕が壁に掛けられていますが、私たちは安倍政権の数々の歴史的暴挙を忘れることなく最後まで諦めずに闘い続けなければなりません。

その安倍首相はまたしても健康問題を理由として突如その職を辞して安倍氏の忠実な後継者である菅義偉氏が密室談合により次期政権を担当することになり、その菅氏は「憲法改正は自民党の党是であるので挑戦していく」と広言し、早くも日本学術会議委員候補の任命拒否という「学問の自由」に対する攻撃を始めていますが、私たちは些かも手を緩めることなく、この安保法制違憲訴訟を勝ち抜き、憲法第九条に一切の変更を加えないための運動を強化していく責務があると思っております。

私は今でも毎朝亡き母の遺影に手を合わせて平和憲法を死守していく決意を新たにしていますが、本書はこの違憲訴訟の歴史的意義と憲法訴訟に関するわが国司法の問題点を明らかにして、今後の安保法制違憲訴訟運動に資するために上梓した、ものであります。

なお、本書の「まえがき」は寺井一弘、「あとがき」は伊藤真弁護士の執筆によるものでありますが、その他の章は大塚武一、古川健三、棚橋桂介の三名を含めた五名の弁護士の合議によって著しました。

（寺井一弘）

第二　安保法制違憲訴訟の意義と到達点

1　司法は明白な違憲状態を看過してはならない

安倍政権が、二〇一四年七月一日に集団的自衛権行使容認の閣議決定を行い、二〇一五年九月一九日の未明に強行採決によって新安保法制（本書では、集団的自衛権行使を容認した二〇一五年の安保法制を「新安保法制」と呼びます）を成立させる歴史的暴挙を犯したことはすでに「まえがき」で述べられた通りですが、憲法改正という正規の手続を経ることなく、戦争への道を切り拓く憲法九条の実質的改定が内閣による「解釈改憲」という、前例のない政治的手法、しかも、それは法解釈ですらない虚偽による不正行為によって実現されるに至ったのです。

角田禮次郎内閣法制局長官は一九八三年二月二二日に国会で「集団的自衛権の行使を認めたいという考え方がありましたが、それを明確にしたいということであれば、憲法改正という手段を当然取らざるを得ないと思います」など、憲法九条の条文を変えない限り集団的自衛権行使は不可能であると答弁していました。それを安倍内閣は解釈変更だけで可能としたのです。

私たちは、安倍政権による憲法改正への策動が集団的自衛権容認の閣議決定という形で具体化してからは、安保法制を違憲とする憲法訴訟を提起できないか、真剣に検討を始めました。違憲訴訟の提起については、法曹界、とりわけ弁護士界において、「このテーマを現在の司法の場においてたたかうのは危険ではないか」「もし安保法制が裁判所によって合憲と認定されれば安倍政権を利するだけではないか」という意見が支配的であったことも事実であります。

それは端的に言って、わが国司法が戦後果たしてきた経過に大きく由来しています。日本国憲法は司法の独立を明記し、司法部に違憲立法審査権を与え、政治部門から独立した裁判所に「憲法の番人」たる重要な役割を期待したのです。然るに裁判所は憲法九条をめぐる「平和訴訟」においては一九五九年の砂川事件最高裁判決以降、第五章で詳しく述べる如く一貫して時の政権の意向に従った、いわゆる「忖度判決」を続けてきました。特に二〇一五年に安保法制が強行採決されて以来のわが国司法の政治部門への「すり寄り」はきわめて顕著となっています。二〇一六年の厚木基地訴訟で自衛隊機の飛行差し止めを一部認容した東京高裁判決を覆した最高裁判決、同月に沖縄辺野古基地建設訴訟で沖縄県と住民側を敗訴させた最高裁判決はその典型であります。先輩同僚の弁護士らが安保違憲訴訟の提起に大きな疑問を投げかけた背景にはそうした事情が大きく影響していたものと思われます。

しかし私たちは、三権の一翼を担う司法が、一見して明白な違憲状態を看過するようなことになれば、そのこと自体三権分立制度の自殺を意味するものと考えました。平和憲法そのものの破壊を座視するような司法は、とうてい民主国家における司法とは呼べないのみならず、最終的には国民の信頼をも失ってしまいます。私たちはこのように考え、心ある仲間とともに「安保法制違憲訴訟」を真正面から提起すべきであると考えるに至りました。

「過去に目を閉ざす者は現在においても盲目である」との言葉はドイツの元大統領ワイツゼッカー氏の演説ですが、ドイツ近現代史研究者の石田勇治氏は『ヒトラーとナチ・ドイツ』（講談社現代新書、二〇一五年）と題する書籍において、文明国ドイツに何故ヒトラー独裁政権が誕生したのか、その社会的背景を詳しく分析しています。私たちはワイマール体制を崩壊させてわずか三ヶ月で平和と人間の尊厳を奪い去ったナチ・ドイツの登場と一二年間に及ぶ恐怖の時代のことを決して忘却してはなりません。

2　違憲訴訟提起の経過

手作り・手弁当で始められたこの違憲訴訟の道のりは、決して平坦なものではありませんでした。想像をはるかに超えた苦難の連続であったといってもよいと思います。日弁連やその他の民主的法律家団体が全国的組織としてさまざまな情報を共有しながら統一的な指示系統のもとに組織的に推進している運動とはまったく違って、一人ひとりの人間の自主的な立ち上がりによる手探りの仕事として始められました。平和憲法を死守する決意と人間としての生き方を真正面から問うていく闘いと位置づけて困難な闘いに挑戦していくことにいたしました。

そうした状況下で、安保法制違憲訴訟は、二〇一六年四月の東京を皮切りとしてきわめて短期間のうちに提訴順に福島、高知、長崎、大阪、岡山、埼玉、長野、神奈川、広島、福岡、京都、山口、大分、札幌、宮崎、群馬、釧路、鹿児島、沖縄、山梨、愛知の二二地方裁判所で二五件の訴訟が提起されました。（原告七六九九名、代理人弁護士一六八五名（二〇二〇年一〇月一五日現在））。

愛知で違憲訴訟の原告になられたノーベル物理学賞の益川敏英京都大学名誉教授は「憲法九条を守ろう。どんな小さな声でも集まれば大きな声になる。戦争ができる国になってからでは遅い、戦争が始まってからでは遅いのです。そのために憲法九条を守らなければならない。憲法九条にノーベル平和賞が贈られる日をぜひ見てみたいものです」とのメッセージを全国に送っておられます。

この間の全国各地の運動、そして一人ひとりの真剣な取り組みを、本章において語り尽くすことはできませんが、私たちは沖縄での提訴について、どうしても語らざるを得ません。本書の読者が沖縄のことをどれ程ご存知かわかりませんが、わが国の戦後における平和が沖縄の犠牲の上に存在していることは明らかな事実です。沖縄の米軍基地はこれまで憲法九条の規律が及ばない例外として存在し、返還後も日本国憲法の平和主義、国民主権、基本的人権の保障の基本原理が沖縄に定着することはありませんでした。日本国内の米軍専用施設の約七〇％が沖縄に集中し、今、辺野古基地問題は鋭くわが国の安全保障の矛盾を暴き出しています。沖縄では、本土においてまったく報道されていない深刻な事態が数々起きていますが、沖縄の弁護士一〇名は、普天間、嘉手納、高江、辺野古の各基地訴訟と平和活動家に対する人権無視の弾圧事件の対応に奔走している中で、安保法制のもとで戦争準備が前倒しで進められている沖縄の現状を看過することができないとの思いで、違憲訴訟提起に踏み切ったのです。人権擁護と平和憲法を死守するために、不眠不休の戦いを続けている沖縄の若手弁護士から私たちは、深く学び、言葉の正しい意味での連帯を築いていかなければならないと思っています。沖縄県民の方々の戦争を憎み平和を求める熱い思いは、今でも私たちの魂を激しく揺さぶっています。安保法制を憲法違反とする訴訟は今、平和を求めてやまない国民市民の切実な気持ちに支えられて日本列島を縦断する北から南までの全国各地において巻末に記載している弁護士らの献身的活動により果敢に展開されています。

3　違憲訴訟の意義

安保法制違憲訴訟の意義は第一に、八〇年前のわが国の第二次世界大戦への参戦、二〇〇〇万人を超えるとも言われるアジアの民衆の命を奪い、わが国だけでも三一〇万人以上の犠牲者を出した侵略戦争、そして広島、長崎の原爆や東京大空襲などの暗黒の戦争の時代を決して繰り返してはならないとの強い思いを司法の場で確認することにあります。この戦争で筆舌に尽くせないほどの犠牲を強いられた方々の苦痛の叫びは次項の「原告の切実な訴え」で述べられている通りですが、私たちは七五年経過した現在においてもこのことをしっかり心に銘記しておく必要があります。不誠実で無責任な安倍政権とそれに追随する菅新政権の戦争への道を許さない闘いが全国各地で広がっていますが、違憲訴訟は、これらの運動としっかり連帯して、わが国の立憲主義と知性を取り戻すための狼煙の一つであると位置づけています。私たちはこの松明を高く掲げて前進しなければならない歴史的責務を負っていると考えています。

第二に、消極的司法＝国の政策を唯々諾々と追認する司法のあり方を根底から問い、三権分立の一翼を担う役割を一人ひとりの裁判官に自覚させることであります。また、「司法に安保法制の判断をさせない」という、弁護士の一部にある消極的意識と姿勢にも問題提起がなされるべきと考えました。前述した如く、最高裁はつい四年前に厚木基地と辺野古の二つの裁判で理不尽きわまる不当な判決を出しています。この事実を法律家はもとよりすべての人は直視しなければなりません。裁判所が自己規制を重ねつつ「司法の独立」を辛うじて維持しようとするのは制度上仕方ないとの見解があることを認識しつつも、そうした状態をいつまでも黙認していてはわが国の三権分立制度は根底から瓦解してしまいかねません。この安保法制違憲訴訟ではわが国において憲法に定める司法の独立と三権分立が機能しているのかどうかが根本的に問われているのです。

第三に、わが国を戦争ができる国にしようと暴走した安倍政権を許さない力が日本国民に蓄えられていることに確信を持ち、それを結集していく責任があるということであります。平和への大きな不安、貧困、差別、格差への怒りを結集し、多くの人々の心と力を一つにして、人間の尊厳と人権を無視し続けてきた強権政治に抗して、闘っていかなければならないと確信しています。違憲訴訟は、そうした国民運動の一環としての位置づけを有して闘わなければならないと考えるに至りました。

4　原告の切実な訴え

ところで今回の安保法制違憲訴訟は弁護士が中心となって動き出したところが多いのですが、これを待ち望んで原告に加わった方々は、私たち弁護士が当初思いも及ばないような被害をこの安保法制によって受けていることを口々に示されました。空襲被害や原爆被害によって直接戦争被害を受けた方はもとより、ご家族を失った方々は惨状を脳裏に焼きつけたまま七五年以上生きてこられました。安保法制による再度の戦争の危険は、自らの恐怖を再燃させるばかりでなく、平和を願いながら亡くなった方との約束を果たせなくなるという無念さに繋がり、その身をさいなまれています。また、海外で憲法九条が果たしてきた平和の旗印がどれほどの力を持っていたかも学ばされました。全船を攻撃するといわれたイランイラク戦争の際には、日の丸を高く掲げることによりペルシャ湾を航行した日本船舶は攻撃を免れることができたのであります。自衛官を経験された方々やそのご家族の切実な訴えも深刻なものがあり、戦後日本の平和主義というものが沖縄の人々の犠牲の上にあった事実も改めて痛感させられました。それらを通して、私たちは失うものの大きさを知らなさ過ぎると改めて気づかされたのです。

違憲訴訟の法廷で魂を込めて必死に陳述される原告の方々や代理人をつとめる弁護士の一つひとつの言葉は、歴史の重大な局面に関わっている私たち違憲訴訟弁護団の役割の重要性と責任の大きさをあらためて知らしめるものでありました。二年前の八月に出版された『私たちは戦争を許さない』（岩波書店）には、そのような証言がつづられております。また、これに続いて昨年六月に刊行された〈安保法制違憲訴訟・女の会編〉の『Ｖｏｉｃｅ平和をつなぐ女たちの証言』（生活思想社）にはさまざまな差別と抑圧を強いられながらも平和を求め続ける女性たちの切実な訴えが綴られています。人間の尊厳と平和に関わる重要な問題を、訴訟に携わる一部の者だけのものにしてはならない、広く深く、多くの国民・市民の皆様と共有して、これからの日本という国のあり方を一緒に考えていく必要があると私たちは考えています。

これまで全国で展開されている違憲訴訟の全容をご紹介することはできませんが、全国の二五の裁判では三〇〇〇名を超える原告が意見陳述を行い、一五〇名に及ぶ原告が本人尋問に応じてきました。原爆や東京大空襲の被災者、基地周辺の住民、障がいを持つ市民、原子力技術者、元自衛官、航空機長、鉄道員、ジャーナリスト、憲法学者や教育学者などからの生々しい告発は戦争の恐るべき恐怖と再びその悲惨な戦争の準備が着々と進められていることへの恐怖を如実に証明するものでした。

「一瞬にして十五万人もの死傷者を出した長崎原爆の恐怖を、私は今でも忘れることはできません。私たちを苦しめ続けた戦争と核兵器の被害は、長崎を最後にしてほしいと思います」。これは七五年前に長崎で被爆した牟田満子さんが安保法制違憲訴訟の東京地方裁判所の法廷で陳述された言葉です。

そして、長崎原爆被災者協議会の会長で長崎違憲訴訟の原告団長もつとめられて二〇一七年八月三〇日に逝去された谷口稜曄さんは、二〇一五年八月九日の長崎原爆犠牲者慰霊平和祈念式典において次のように訴えられました。谷口さんは一六歳で被爆し、「赤い背中の少年」と呼ばれ、全身を晒して原爆の非人間性を最後まで訴え続けられた方でした。

「戦後、日本は再び戦争はしない、武器は持たないと世界に公約した『憲法』が制定されました。しかし、いま集団的自衛権の行使容認を押し付け、憲法改正を推し進め、戦争中の時代に逆戻りしようとしています。政府が進めようとしている戦争につながる安保法制は、被爆者をはじめ平和を願う多くの人々が積み上げてきた戦争反対と核兵器廃絶の思いと運動を根底から覆そうとするもので、絶対許すことはできません」

昨年一一月二四日に長崎、広島の被爆地を訪問されたローマ法王のヨハネス・パウロ二世は「戦争は人間のしわざ、人間の命の破壊、死です」との平和メッセージを発されましたが、戦争こそ何千万人を殺戮し、暴力や差別、言論弾圧を必然的かつ大量に生み出す最大の人権侵害であること、そして、日本国民が戦後七〇年以上にわたって憲法九条のもとで戦争への道を食い止め続けてきたこと、私たちは、この事実を決して忘れてはならないはずです。

5　全国における違憲訴訟の現状

現在、安保法制違憲訴訟は二二の裁判所で二五の訴訟が展開されていますが、その経過と現状は提訴順に次の通りです。

(1)　東京国賠

二〇一六年四月二六日提訴、原告一五八九名、代理人六四六名、原告意見陳述合計一七名、原告に対する尋問一〇名実施、証人八名（宮﨑礼壹、福山哲郎、半田滋、前田哲男、半藤一利、青井未帆、濱田邦夫、西谷文和）の尋問申請の全員を却下。裁判官三名の忌避申立て（二〇一八年一二月二五日最高裁にて抗告を却下）、二〇一九年一一月七日第一審判決（原告敗訴）、同年一一月二〇日東京高裁（民事第二部）に控訴、現在証人四名（宮﨑礼壹、半田滋、今井高樹、西谷文和）の尋問を申請、二〇二一年一月一三日に第一回口頭弁論。

東京地裁期日後には毎回国会議員会館の集会室にて報告集会を実施、二〇一八年九月一九日には日本教育会館にて市民大集会を開催し、二〇二一年一月二一日には、同所にて市民大集会を開催予定。これまでに「違憲訴訟ニュース」第一七号まで発刊。

(2)　東京差止

二〇一六年四月二六日提訴、原告五二名、代理人六四六名、原告意見陳述合計八名、原告に対する尋問一三名実施。証人八名（宮﨑礼壹、福山哲郎、半田滋、前田哲男、半藤一利、青井未帆、今井高樹、

小林武）の尋問申請を全員却下。二〇二〇年三月一三日第一審判決（原告敗訴）。同年三月二七日東京高裁に控訴（民事第一〇部）、現在第一回口頭弁論に向けて協議中。報告集会と市民大集会は前記国賠訴訟と同じ。

(3)　福島地裁いわき支部

二〇一六年四月二六日提訴、原告二九二名、代理人七名、二〇二〇年八月二六日第一二回口頭弁論。現在の裁判長は、来年三月転勤予定なので弁護団の一致した意見として、「転勤を待った方が良い」との評価。そこで、準備書面、原告陳述書を次々と提出して、転勤後の裁判長に期待を繋いでいる状況。

(4)　高知

二〇一六年五月六日提訴、原告三二名、代理人一三名、原告に対する尋問八名、証人の尋問は事前の進行協議で裁判所が証人尋問に難色を示したため申請せず。二〇二〇年三月二四日第一審判決（原告敗訴）。同年四月六日高松高裁に控訴。原審で裁判官の交替があったが弁論更新手続がされておらず、基本となる口頭弁論に関与していない裁判官が判決に加わったという民訴法違反が判明し、二〇二〇年九月一六日に破棄差し戻しの判決。

(5)　大阪

二〇一六年六月八日提訴、原告一〇〇〇名、代理人二五名、原告意見陳述合計一〇名、原告に対する尋問一四名、証人の尋問は申請せず。二〇二〇年一月二八日第一審判決（原告敗訴）。同年二月七日大阪高裁に控訴、第一回口頭弁論、八月五日補充書、半田証人の申請。第二回口頭弁論一〇月二〇日。

(6) 長崎

二〇一六年六月八日提訴、原告二一一名、代理人五一名。原告意見陳述合計五名、原告に対する尋問一四名、証人四名（宮﨑礼壹、前田哲男、飯島滋明、朝永万左男）のうち、朝永万左男、前田哲男の尋問申請を採用（朝永証人は二〇二〇年七月六日に実施、前田証人は同年一一月二四日に予定）。二〇二一年三月一日結審予定。

(7) 岡山

二〇一六年六月一七日提訴、原告五六〇名、代理人四五名、原告意見陳述合計一九名、第九回口頭弁論で裁判官交替のため弁論更新。二〇二一年一月二七日に証人尋問申請。

(8) 埼玉

二〇一六年六月二〇日提訴、原告五七三名、代理人一〇四名、原告意見陳述合計延べ一四名、原告に対する尋問九名、証人四名（宮﨑礼壹、半田滋、青井未帆、横畠裕介）のうち、半田滋の尋問申請を採用して二〇二〇年八月五日に実施。一一月二七日に最終弁論。

(9) 長野

二〇一六年七月二六日提訴、原告三六二名、代理人三八名、原告意見陳述合計二六名、原告に対する尋問八名、証人三名（宮﨑礼壹、半田滋、棟居快行）の尋問が採用されて二〇二〇年八月二八日及び九月一八日に実施（棟居氏は病欠）。

(10) 女の会（東京）

二〇一六年八月一五日提訴、原告一一二名、代理人九名、原告意見陳述合計一四名、原告に対する尋問一三名、証人一名（清末愛砂）の尋問を二〇一九年一二月一三日及び二〇二〇年一月三一日に実施、二〇二〇年九月一一日に第一四回、一〇月三〇日に第一五回、二〇二一年一月二二日に第一六回口頭弁論。

⑾　神奈川（横浜）

二〇一六年九月一六日提訴、原告四二二名、代理人七八名、原告に対する尋問三名、証人四名（宮﨑礼壹、半田滋、青井未帆、今井高樹）の尋問を二〇一九年一〇月三一日に実施、原告に対する尋問一名を二〇二〇年一〇月一五日に実施。二〇二一年二月四日に第一三回口頭弁論。

⑿　広島

二〇一六年九月一六日提訴、原告三〇九名、代理人四六名、原告に対する尋問九名、証人（宮﨑礼壹、半田滋、前田哲男、青井未帆、今井高樹、志田陽子、小西博之、小林武）の八名の尋問を申請中。争点整理と釈明権の行使を拒否したため裁判官三名の忌避申立て（二〇一九年一一月二二日最高裁にて申立てを却下）。二〇二〇年九月九日裁判長交替により弁論更新。次回は一一月二〇日。

⒀　福岡国賠

二〇一六年一一月一六日提訴、原告一四八名、代理人二一三名、原告意見陳述合計八名。

⒁　福岡差止

二〇一六年一一月一六日提訴、原告二三名、代理人一九六名、原告意見陳述合計四名、原告に対する尋問三名、証人三名（飯島滋明、志田陽子、石村善治）の尋問申請を却下。裁判官三名の忌避申立て。

⒂　京都

二〇一六年一二月一九日提訴、原告一二六名、代理人四八名、原告意見陳述一〇名。原告に対する尋問三名、証人三名（吉田栄司、植松健一、井筒高雄）の申請、一〇月二一日に採否決定。

⒃　山口

二〇一六年一二月二六日提訴、原告一三五名、代理人一九名、原告意見陳述合計一六名、原告に対する尋問六名、証人四名（宮﨑礼壹、半田滋、飯島滋明、志田陽子）の尋問を申請していたが、二〇二〇年一〇月五日に飯島教授を除く三名を却下、同年一二月四日に原告六名の尋問と共に証人尋問を実施する。

⒄　大分

二〇一七年一月一〇日提訴、原告五七名、代理人二三名、原告に対する尋問九名、証人三名（半田滋、前田哲男、青野篤）の尋問を申請中。コロナでしばらく中断していたが、二〇二〇年一〇月八日の期日に裁判官が交替。二〇二一年二月一八日に証人採否決定の可能性あり。

⒅　札幌

二〇一七年一月一六日提訴、原告四一八名、代理人九七名、原告意見陳述合計二一名、原告及び証人に対する尋問は地裁では認められず、裁判官三名の忌避申立て（二〇一九年二月二六日高裁にて申立てを却下）、二〇一九年四月二二日第一審判決（原告敗訴）、同年五月六日札幌高裁に控訴、高裁では原告三名、証人二名（濱田邦夫、半田滋）の尋問を採用して二〇二〇年九月一八日に実施。二〇二一年一月二七日に結審予定。

⒆　宮崎

二〇一七年三月一九日提訴、原告二七九名、代理人二六名、原告意見陳述合計二五名、原告に対する

尋問二一名、証人三名（半田滋、今井高樹、飯島滋明）の尋問の申請を採用して、二〇二〇年一〇月二日に原告六名と証人三名の尋問を実施。同年一〇月二〇日に原告一五名の尋問。二〇二一年一月六日結審予定。

⒇　群馬（前橋）

二〇一七年三月二九日提訴、原告二〇八名、代理人三二名、原告に対する尋問六名、証人三名（宮﨑礼壹、半田滋、志田陽子）の尋問申請を採用して二〇一九年六月一三日に実施。二〇二〇年五月二七日に判決言い渡しが指定されるも長期間延期されていたが一〇月一日に判決（原告敗訴）。東京高裁に控訴。

(21)　釧路

二〇一七年五月二六日提訴、原告二一六名、代理人五五名、原告意見陳述合計二五名、原告に対する尋問八名、証人三名（半田滋、飯島滋明、志田陽子）の尋問申請を採用。二〇二〇年七月二九日に三名の原告尋問を実施、九月一五日に五名の原告尋問と三名の証人尋問を実施。一二月二二日に結審予定。

(22)　鹿児島

二〇一七年六月一二日提訴、原告八二名、代理人一八名、原告意見陳述合計四名。

(23)　沖縄（那覇）

二〇一七年六月二三日提訴、原告八二名、代理人四五名、原告に対する尋問四名実施。証人一名（小林武）の尋問を申請したが不採用。二〇二〇年六月三〇日判決（原告敗訴）、高裁へ控訴（八〇名）。第一回口頭弁論二〇二〇年一一月一九日。

(24)　山梨（甲府）

二〇一七年八月二九日提訴、原告一八〇名、代理人一一名、原告意見陳述合計三〇名、原告に対する尋問六名実施。証人四名（小西博之、小泉親司、椎名慎太郎、齋藤貴男）の尋問を申請したが不採用。一二月二二日に結審予定。

(25)　愛知（名古屋）

二〇一八年八月二日提訴、原告二二一名、代理人三六名、原告意見陳述合計一五名、証人三名（飯島滋明、小西博之、布施祐仁）の尋問を申請中。二〇二〇年九月一八日第九回、同年一二月一四日第一〇回口頭弁論。

これまで札幌地裁、東京地裁民事一部（国賠訴訟）、民事二部（差止訴訟）、大阪地裁、高知地裁、那覇地裁、前橋地裁の七ヶ所で判決が下され、すべて原告側が敗訴する結果となりました。その詳細は「第四」で紹介しますが、ほとんどの内容が「平和的生存権は具体的権利ではない」「人格権を侵害するような戦争が起こる危険性はない」「国民は憲法改正国民投票の権利を有しているので憲法改正決定権を侵害していない」というものでした。申し合わせたようなこれらの無内容かつ低劣な判決はまさしく時の政権の戦争政策を忖度したものに他なりません。すべて安保法制に関する憲法判断を回避していますので違憲訴訟提起時にあった「安保法制が合憲とされたらどう責任を取るのか」との懸念は免れているものの、わが国司法の奥深い問題性が満天下に明らかにされています。

しかし、前橋地裁、横浜地裁、女の会の東京地裁民事一〇部、長崎地裁、さいたま地裁、長野地裁、釧路地裁、宮崎地裁でも安保法制を憲法違反とする証人の尋問が実現しました。そして札幌高裁でも半田滋東京新聞論説委員と濱田邦夫元最高裁判事の証人尋問が行われ、大分、山口、京都の各地裁でも証人採用の可能性が出てきており、その他の地域でも必死な努力が続けられています。

前橋地裁と横浜地裁で安倍第一次政権当時の内閣法制局長官だった宮﨑礼壹氏は「法の番人」だった立場から「安保法制は一見明白に憲法違反である」との重要な証言をしました。同じく両地裁の尋問で半田滋氏は紛争地での取材や自衛隊に関する深い知見から安保法制の具体的な危険性について詳しく述べました。そして、前橋地裁では憲法学者の志田陽子氏が安保法制による人格権の侵害の事実について個別の原告に即した指摘を行い、横浜地裁では青井未帆学習院大学教授により裁判所が果たすべき役割について国際的な潮流も踏まえた貴重な証言がなされました。また横浜地裁では南スーダンでのＮＰＯ活動を踏まえて今井高樹氏、さらに女の会では憲法学者でもあり紛争地での活動経験もある清末愛砂氏により安保法制の危険性に関して鋭い証言がなされてきました。

これらの証人はいずれも集団的自衛権行使を容認した安保法制の違憲性を真正面から主張立証するものであり、司法の役割を放擲して「政権の番人」に堕した裁判所に大きな風穴を開けることが期待されています。

私たちはこの安保法制違憲訴訟が戦争政策を進める国家権力そのものを相手とした厳しい闘いであることを深く自覚しながらも平和を愛する国民市民の皆様と固く連帯しながら多くの裁判所での違憲訴訟の勝訴を目指してさらに全力を尽していきたいと思っています。

第三　安保法制違憲訴訟は司法に何を問うているか

1　はじめに

本章では、安保法制違憲訴訟の原告の方々が裁判上どのような主張を行い、司法に何を問うているのかを説明させていただきます。法律技術的な細かい論点にも多少言及せざるを得ませんが、訴訟全体の構造や法律の仕組みがわからないと原告がどうしてそういう主張をしているのかが理解できないところですので、頑張って読み進んでいただきたいと思います。

なお、安保法制違憲訴訟は、現在、全国で二五の裁判が展開されており、各地の弁護団の方針等により原告の主張には若干のバリエーションがありますが、大枠は概ね同じですので、以下では、東京の国家賠償請求訴訟（国賠訴訟）と差止請求訴訟（差止訴訟）を念頭に説明し、安保法制違憲訴訟全体のことを「今回の訴訟」ということにします。

2　原告の主張の構造

(1)　二つの訴訟形態

今回の訴訟は、「国賠訴訟」と「差止訴訟」という二つの訴訟形態をとって争われています。

国賠訴訟は、「国が違法なことをして原告に損害を与えたからその損害を賠償せよ」ということを求める訴えです（国家賠償法一条一項）。今回の訴訟では、集団的自衛権の行使の容認等の内容を含む違憲の新安保体制を定めた立法をしたという違法な行為により、原告の平和的生存権、人格権、憲法改正・決定権が侵害されるという損害が生じたので、それを賠償せよ、という主張になります。

差止訴訟は、「国が違法なことをしようとしており、それがなされることにより原告に重大な損害を生ずるおそれがあるから、これをやめさせて欲しい」ということを求める訴えです（行政事件訴訟法三七条の四）。この訴訟では、新安保体制を定めた一連の法に基づいて集団的自衛権の行使のための自衛隊に対する防衛出動命令（自衛隊法七六条一項二号）などがなされると、それによって原告の平和的生存権、人格権、憲法改正・決定権が侵害されるという重大な損害が生じるおそれがあるので、国の当該行為を差し止めてくれ、という主張になります。

国賠訴訟が過去の違法な行為（新安保法制法の立法行為）を問題としてそれにより生じた損害の賠償を求めるという構造であるのに対し、差止訴訟は、将来の違法行為（同法制に基づく防衛出動命令など）を問題としてその行為そのものを差し止めることを求めるという構造です。差止訴訟は高等裁判所がある八つの都市での訴えしか認められていない制度のもとで、現在では東京、大阪、広島、福岡だけでしか提訴されていませんが（なお、民事差止請求を行っている地裁は他にもありますが、それは割愛させていただきます）、戦争を未然に防止するという重要な目的を持つ裁判です。少し面倒で難しい説明にならざるを得ませんが是非ともご理解いただきたく思います。

(2) なぜ「お金」の請求なのか

ところで読者の皆さんの中には、国賠訴訟について、どうして原告は「お金」を請求するのかという疑問を持たれる方もいるでしょう。「この裁判はお金の問題なんかではないだろう」という疑問があるかと思います。しかし、現在の日本の法制度の中では、「新安保法制法が違憲・無効であることの確認を求める」という形の訴えは認められないのです。世界的に見ると、裁判所が国家行為の合憲性をコントロールする方法として、一般的な事件を扱う普通裁判所に違憲審査権を与え、具体的な事件の解決に付随して必要な限りで違憲審査を行うことを原則とする方法（付随的違憲審査制）と、違憲審査のために特別の裁判所を設けて、具体的事件の解決の必要とは無関係に、国家機関の行為の合憲性を抽象的に審査する方法（抽象的違憲審査制）の二つがあります。前者は、アメリカ合衆国や、イギリスを除くイギリス連邦諸国に多く見られ、後者は、ドイツ、オーストリア、フランスなどヨーロッパ大陸諸国に多く見られますが、日本は、前者の方法を採用しています。

つまり、付随的違憲審査制の下では、「新安保法制法が違憲・無効であることの確認を求める」という訴えは認められず（このような訴えを提起しても裁判所は実体判断をせずに却下することになります）、①違憲の法律を立法した行為を加害行為として国家賠償を請求するか、②違憲の法律に基づいてなされた行為を加害行為として国家賠償を請求するか、③違憲の法律に基づいてこれからなされる行為を差し止める請求をするという三つの方法のみが許されることになっているのです。

③の差止訴訟は、後述するように請求が認められるためのハードルが非常に高いので、この方法だけで十分な救済が得られるか心許ないところです。そうすると、③の差止訴訟を起こすとしても、現実的には①や②の国賠訴訟も起こす必要があり、結果として「お金」の請求という形をとらざるを得ないのです。

今回の国賠訴訟では①の主張を中心としつつ②の主張を一部行っています。新安保法制法に基づく集団的自衛権の行使のための防衛出動命令は未だ発せられていないので、集団的自衛権の関係では①の主張のみとなるのですが、原告がやはり違憲だと主張している武器等防護（自衛隊法九五条の二）はすでに実施されているので、これについては①に加え②の主張もしているのです。

なお、国家賠償制度には、被害者の救済機能、発生した損害を分散させるという機能がありますが、それにとどまらず、加害者の制裁機能、違法行為の抑止機能、違法状態を改める機能（適法状態回復機能）もあり、法治国としての在り方を保障する制度としての意義・機能があるとされています。つまり、原告としては「お金」の請求という形をとらなければならないけれども、問われるのはそれだけではなく、国が違憲・違法なことをしていないか、法治国としての在り方に則って行動しているかについて裁判所が目を光らせることも、国賠訴訟の重要な役割なのです。

(3) 国賠訴訟において原告が主張立証しなければならないこと

裁判において原告が主張立証しなければならない事柄は、その裁判の類型やそこで問題となる法律関係、権利関係によって定まります。

国賠訴訟において原告が主張立証しなければならないことは、以下の通りです。

① 被告（国）の公権力の行使に当たる公務員の行為によって原告の権利または法律上保護される利益が侵害されたこと、
② その行為が、公務員として職務を行うについてされたこと、
③ ①に定める公務員の行為が違法であること、
④ その公務員の故意または過失、
⑤ 損害の発生及び額、
⑥ 被告の行為（①）と発生した結果（⑤）の因果関係

今回の国賠訴訟においては、原告は、集団的自衛権の行使の容認等の内容を含む違憲の新安保法制法を立法した国の行為が違法であり、それによって原告の平和的生存権、人格権、憲法改正・決定権が侵害されるという損害が生じたので、それを賠償せよ、という主張をしています。前記①〜⑥に即して分析してみると、違憲の新安保法制法を国会が制定したこと（並びにその前段階として内閣が集団的自衛権の行使を容認する「解釈変更」の閣議決定及び新安保法制法案を国会に提出する閣議決定を行ったこと）は、「国の公権力の行使に当たる公務員の行為」であり、これが「公務員として職務を行うについてされた」ことは明らかなので、この段階で②は充足されています。また、新安保法制法の立法行為に

より原告の平和的生存権、人格権、憲法改正・決定権が侵害されるという損害が生じたという原告の主張・立証が、①⑤⑥の要件を充足させるものです。

残るは③④ですが、これは少々複雑な話になってきます。違憲の立法をすれば、立法行為は当然に違法であり、故意または過失も当然認められそうな気がしますが、裁判上はそのような扱いになっていないからです。最高裁の判例によれば、「国家賠償法一条一項は、国又は公共団体の公権力の行使に当たる公務員が個別の国民に対して負担する職務上の法的義務に違背して当該国民に損害を加えたときに、国又は公共団体がこれを賠償する責に任ずることを規定するものである。したがつて、国会議員の立法行為（立法不作為を含む。以下同じ。）が同項の適用上違法となるかどうかは、国会議員の立法過程における行動が個別の国民に対して負う職務上の法的義務に違背したかどうかの問題であつて、当該立法の内容の違憲性の問題とは区別されるべきであり、仮に当該立法の内容が憲法の規定に違反する廉があるとしても、その故に国会議員の立法行為が直ちに違法の評価を受けるものではない」とされています（最判昭和六〇年一一月二一日）。そして、この判例は、「国会議員の立法行為は、立法の内容が憲法の一義的な文言に違反しているにもかかわらず国会があえて当該立法を行うというごとき、容易に想定し難いような例外的な場合でない限り、国家賠償法一条一項の規定の適用上、違法の評価を受けない」と述べています。その後の判例では、この昭和六〇年最高裁判決を前提としつつ、「立法の内容又は立法不作為が国民に憲法上保障されている権利を違法に侵害するものであることが明白な場合……などには、例外的に、国会議員の立法行為又は立法不作為は、国家賠償法一条一項の規定の適用上、違法の評価を受ける」（最大判平成一七年九月一四日）という表現が用いられており、違法性の認定が事実上緩和されたとの指摘もなされています。集団的自衛権の行使は現行憲法の下では絶対にできないとの解釈が、政府による国会答弁を通じて長年に亘って形成され、確定解釈となっていたという事情がありますから、昭和六〇年最高裁判決の枠組みを前提としても違法性（③）は優に認められ、故意または過失（④）も認められます。

このように、原告は①〜⑥のすべてが充足され、請求は認容されるべきだと主張しているのです。

これに対し、被告は新安保法制法は合憲との見解を採っている、という奥歯に物が挟まったような主張をする一方で（合憲だと主張したいけれどもそう言い切ってこの点が争点化するのを避けたいという思惑が透けて見えます）、原告の主張する平和的生存権、人格権、憲法改正・決定権について、国賠法上保護される権利ないし法的利益とは認められないので、原告の請求は棄却されるべきだ、という主張に終始しています。

原告の請求は前記①〜⑥のすべてが認められて初めて認容されるものなので、理屈としては、国の行為が憲法違反かどうかという憲法論に立ち入らずに判断することができる項目について、原告の主張が認められないことが明らかとなれば、その段階で裁判所は請求棄却の判決を出すことができます（それが望ましいか、一般の裁判の判決においてそのような扱いが一律になされているかは疑わしいところですが）。つまり被告（国）は、①のうち「原告の権利または法律上保護される利益」という点について、原告が主張している権利または法的利益は国賠法上保護される筋合いのものではないと主張して、裁判所にその一点だけでこの訴訟の結論を出させようとしているわけです。

今回の訴訟においては、新安保法制法の内容が違憲か、昭和六〇年最高裁判決等の枠組みに照らして立法行為の違法性が認められるかという論点に立ち入れば、原告の主張に沿った認定をせざるを得ないことは明白です。そうであるからこそ、被告（国）は、新安保法制法が合憲だという主張を行うことなく、原告の主張する権利ないし利益は国賠法上保護されないという主張のみを行っているわけですが、原告としては、ここをクリアしないと先に進めないので、原告各人の被害の実態やその被害を引き起こしている新安保法制法制定後の情勢の変化等についても詳細に主張しているのです。

(4) 差止訴訟において原告が主張立証しなければならないこと

差止訴訟において原告が主張立証しなければならないことは、以下の通りです。

① 一定の処分がされる蓋然性（ある程度の可能性）があること
② ①の処分がされることにより重大な損害を生ずるおそれがあること
③ 原告が、①の処分をしてはならない旨を命ずることを求めるにつき法律上の利益を有すること
④ ①の処分が違法であるとの主張

①〜③は、そもそも訴えが適法なものとして認められるか（裁判所が実体判断をするための前提となる要件を備えているか）という点に関わる事項であり、①〜③が認められると裁判所が実体判断に踏み込むこととなり、ようやく④が意味をもってきます。①〜③のすべてが認められないと裁判所は実体判断に入らないので、原告に課せられたハードルは高いと言わざるを得ません。④については、処分が適法であることとの主張・立証に被告（国）が成功すれば原告の請求が棄却されますが、被告（国）の主張・立証が認められなければ原告の請求が認容されます。

差止訴訟では「処分」という概念が非常に重要になってきます。原告は、新安保法制法に基づいてなされる、集団的自衛権の行使のための自衛隊に対する防衛出動命令（自衛隊法七六条一項二号）等が「処分」にあたることを前提に主張しているわけですが、仮にこれが「処分」ではないということになると、それだけで差止訴訟は認められなくなるからです。

「処分」とは、法文上は「行政庁の処分その他公権力の行使に当たる行為」（行政事件訴訟法三条二項）となっていますが、判例上、「公権力の主体たる国または公共団体が行う行為のうち、その行為によって、直接国民の権利義務を形成しまたはその範囲を確定することが法律上認められているものをいう」とされています。もっとも、最高裁の処分についての定義に照らせば処分と認められない行為について最高裁自身が処分と認めた例もあり、特に近時は行政庁の行為を処分と認める基準が緩和傾向にあると指摘されていて、議論は複雑になります。

原告は、「処分」の定義に沿って、集団的自衛権の行使のための自衛隊に対する防衛出動命令が発せられれば、それはすなわち日本が戦争に参加するということを意味し、そうなれば原告の平和的生存権、人格権、憲法改正・決定権が侵害される（これは国民の権利義務の形成・範囲の確定に他ならない）こと、また戦争になれば自動的に国や地方の行政機関等の措置に協力するよう努める義務を負わされることなどから、防衛出動命令等は国民一般に対する処分と認められるという主張をした上で（主位的主張）、仮にそうでないとしても防衛出動命令等は自衛官に対する処分であることは疑いなく、国民・市民は当該処分について差止めを求める法律上の利益がある（③）という主張をしています（予備的主張）。

この原告の主張に対し、被告（国）は、主位的主張に対し「処分」とは認められないという主張をしており、予備的主張に対しては防衛出動命令等が自衛官に対する「処分」にあたるかについて明言を避けています。

①は、防衛出動命令等が発せられる蓋然性があるかどうかという問題です。被告（国）は、現職自衛官が存立危機事態（集団的自衛権の行使が認められる事態）における防衛出動命令に従う義務が存在しないことの確認を求めた訴訟において、驚くべきことに、存立危機事態が発生することは具体的には想定できないとし、安倍首相が北朝鮮情勢を「国難」と位置づけて衆議院選挙を戦った後の二〇一七年一一月の段階でも、北朝鮮との軍事衝突が起こることも、抽象的な仮定に過ぎないと主張していましたが、今回の訴訟では、蓋然性についてては何の主張もしていません。

②は、防衛出動命令等が発せられることによって、原告の平和的生存権、人格権、憲法改正・決定権が侵害されるという重大な損害が生じるおそれがあるという主張です。これに対し、被告（国）は、主位的主張の関係で、防衛出動命令等は「処分」とは認められないから②の要件は充足されないと述べるのみです。

③は、原告適格といわれ、原告が差止訴訟を提起する資格として、「法律上の利益」、言い換えれば法律上保護されるに足る正当な利益が必要とされます。実際には何が「法律上の利益」にあたるかという複雑な議論が存在するのですが、大まかに言えば、原告は、防衛出動命令が発せられれば日本は戦争当事国になるのだから、そのような効果を持つ防衛出動命令の差止めについて「法律上の利益」が認められるのは当然だという主張をしています（これは、国民一般に対する処分と見た場合（主位的主張）でも自衛官に対する処分と見た場合（予備的主張）でも同様です）。これに対し、被告は、防衛出動命令

等によって原告の権利または法的利益が必然的に侵害されるわけではなく、また原告の主張する平和的生存権等は具体的な権利性または法的利益性を認められるものではないので、原告に差止めを求める「法律上の利益」はないという主張をしています。

④の違法性については、原告は、違憲の新安保法制法に基づいてなされる集団的自衛権の行使のための防衛出動命令等は当然違法であるという主張をしていますが、被告は、この点にはまったく触れていません。

差止訴訟においても、被告（国）は、新安保法制法が合憲か違憲かという点について何らの主張もせず、防衛出動命令は「処分」ではないとか、原告適格がない（原告には差止めを求める「法律上の利益」がない）という主張だけを行い、それだけで裁判所に原告の請求を却下する判断をさせようとしているのです。

このような被告（国）の姿勢に対し、原告は、近時の判例の傾向に照らせば防衛出動命令等は「処分」と認められるのであり、「処分」と認めなければ、このようなタイプの事件は民事訴訟では扱えないという判例実務が確定している以上、国民・市民の裁判を受ける権利は画餅に帰すこと、自分たちの国が、自らが攻撃されない限りは他国を攻撃しないという国から、自らが攻撃されていなくても他国を攻撃し戦争に参加することができる国に、正当な手続を一切踏まずに作り変えられてしまう事態を目の前にして「法律上の利益」が認められないなどと判断することはあり得ないことなどを主張しています。

3　新安保法制法の違憲性

ここからは、先に示した訴訟全体の構造を念頭に置いていただいた上で、個別の論点について原告がどのような主張をしているのかを見ていきます。差止訴訟についても取り上げたいのですが、テクニカルな細かい論点が多く、重要なところは国賠訴訟と重なり合いますので、以下では国賠訴訟における原告の主張を取り上げることにします。

最初に扱うのは、新安保法制法の違憲性です。今回の訴訟では、集団的自衛権の行使の容認以外の点も問題になっているのですが、最大の問題である集団的自衛権の点に絞って述べることとします。

(1)　従来の政府の憲法九条解釈―自衛権発動の三要件―

これまでの政府の憲法九条の解釈の基本は、「自衛隊は、外国から武力攻撃を受けた場合に、これを排除して国民を守るための必要最小限度の実力組織であるから、九条二項で持たないとされている『戦力』には当たらない」「したがって、自衛隊が実力を行使できるのは、我が国が武力攻撃を受けた場合に限られ、集団的自衛権などに基づいて海外で武力の行使をすることは許されない」という二点に集約されます。この二点は表裏一体ですが、これを前提として、政府は、自衛隊の武力行使が許されるのは、次の三要件を満たす場合に限られるとしてきました（自衛権発動の三要件）。

① 我が国に対する急迫不正の侵害があること、すなわち武力攻撃が発生したこと
② これを排除するために他の適当な手段がないこと

③　必要最小限度の実力行使にとどまるべきこと

これらの要件のうち、最も重要であり、実際に武力行使の歯止めとして機能すると考えられてきたのは、わが国が武力攻撃を受けることがない限り、わが国から外国等に対して武力行使をすることはしないという①の要件です。もっとも、この「武力攻撃の発生」は、原則としてわが国領域に対する武力攻撃がなされたことを意味しますが、例外的な場合には必ずしもわが国が実際に被害を受けることを意味するものではないと解され、弾道ミサイルによる攻撃に対しては、わが国領域に着弾するのを待つまでもなく、遅くともわが国に向けて発射された段階に至れば、わが国に対する武力攻撃が発生したと判断することができるとされ、日本海などの公海上でアメリカの軍艦が攻撃されたような場合でも、わが国に対する武力攻撃の発生と認めることができる場合があるとされてきました。

また、③の要件は、①②の要件とは異なり、自衛権の発動のための要件ではなく、自衛権を発動した後、どこまでの実力行使をすることが認められるかという、自衛行動の限界を画するものです。これについて政府は、外国軍隊等によるわが国への武力攻撃を排除するための「必要最小限度の実力行使」であるから、自衛隊の軍事行動（戦闘行為）は、わが国の領域内にとどまるのが原則であるが、状況のいかんによっては、わが国周辺の公海や公空にも及び得るとし、さらにミサイル攻撃等を念頭に置いて、例外的には敵国の領域を攻撃することが許されないわけではないとする一方、自衛隊が外国の領土に上陸して敵軍をせん滅したり、敵地を占領したりするようなことまでは認められないと解してきました。

このように、自衛隊の実力行使が常に相手方からのわが国に対する武力攻撃を受けて開始される受動的なものであり、かつ、その行動範囲が基本的にはわが国の領域内にとどまらなければならないことから、九条の規範性については、専守防衛であるとか、海外派兵は禁止されていると表現されてきました。また、この三要件を踏まえて政府は、自衛力は全体として他国に脅威を与える存在であってはならず、個々の兵器に関しても、もっぱら相手国を攻撃するために用いられる攻撃型空母、長距離戦略爆撃機、大陸間弾道ミサイルといった類のものは保有できないとしてきました。

ちなみに、憲法九条二項で「認めない」とされている交戦権については、これを敵の兵力の殺傷・破壊、中立国の船舶の臨検、敵国領土の占領等、交戦当事国に国際法上認められる権利を総称したものと解した上で、わが国が武力攻撃を受けたときに必要最小限度の実力行使として行う相手国の兵力の殺傷・破壊等は、自衛権に基づくものであって、交戦権の行使とは別の観念のものである、というのが政府の考え方でした。

政府が従来、九条の下で例外的に許容されるとしてきたわが国のこうした武力行使は、国際法上は個別的自衛権の行使として位置付けられることになります。しかし政府は、個別的自衛権の行使として国際法上許容されるすべての軍事行動が、憲法上も許されるとしていたのではなく、前述したように外部からの武力攻撃を排除するための必要最小限度の範囲内での実力の行使に限って認められるとしてきたことに留意する必要があります。

(2) 集団的自衛権の行使の禁止

集団的自衛権は、「自国と密接な関係にある外国に対する武力攻撃を、自国が直接攻撃されていないにもかかわらず、実力をもって阻止する国際法上の権利」であるとされます。国連憲章五一条において、個別的自衛権と同じく加盟国の固有の権利とされ、日米安保条約の前文では、わが国も集団的自衛権を有することが確認されています。

しかし、政府はこれまで一貫して憲法第九条の下ではこの集団的自衛権の行使が許されないとしてきました。その理由は、後述の閣議決定でも援用された一九七二年の政府見解（「集団的自衛権と憲法との関係について」）や、国会における政府答弁や答弁書に端的に示されています。すなわち、九条の下で例外的に容認される武力行使は、外部からの武力攻撃によって国民の生命等が危険にさらされた場合にこれを排除するためのものに限られるが、わが国以外の第三国に別の国から武力攻撃が加えられても、これによってわが国の国民全体の生命等に危険が及ぶことはあり得ないから、集団的自衛権に基づく武力の行使が、この例外的な武力行使の中に含まれる余地はないということです。

政府は、同じ理由で、一九九〇年の湾岸戦争時のような国連安保理の武力行使容認決議に基づいて多国籍軍に参加すること、すなわち集団安全保障措置の一環として武力行使をすることも、九条の下で許容される例外的な武力行使には当たらず、認められないとしてきました。

そして、このような集団的自衛権の行使が許されないのは、自衛権発動の三要件のうち第一要件に該当しないことがその中心的な根拠であるとしてきました。すなわち、わが国の（個別的）自衛権の行使は、武力攻撃からわが国や国民を守るための措置であり、したがってわが国に対する武力攻撃の発生をその発動の要件とするのに対して、集団的自衛権は、わが国に対する武力攻撃が発生しておらず、国民や国の存立が直接危険にさらされていない状況下での武力行使である点において、個別的自衛権とは決定的にその性格を異にするものであるということです。

このような解釈が一貫して政府の見解として維持され、確立した憲法解釈となっていたこと、仮に集団的自衛権の行使を容認するのであれば憲法改正が必要だということが政府と国会の共通認識となっていたこと、国会の中でなされた政府答弁は、単にある解釈を示すというものではなく、もし集団的自衛権にあたるのであれば違憲だからできないけれども、そうではないということを説明、約束することで防衛予算や防衛関係の諸法律を調達したものであって、国会もそうした説明、約束を前提に予算を承認し法律をさせてきたこと、従って政府も国会も憲法実践、国家実践として集団的自衛権を否定してきたのだということは、宮﨑礼壹・元内閣法制局長官が前橋地裁等で証言されているところです。山口繁・元最高裁長官も、集団的自衛権の行使が許されないという従来の政府解釈は、単なる解釈ではなく憲法九条に骨肉化して規範へと昇格していると述べています。

従来、政府は、集団的自衛権が憲法上許されない理由として、自衛権発動の三要件のうち第一要件を充足しないという観点から説明してきましたが、少し見方を変えると、集団的自衛権の行使は、専守防衛の範囲の個別的自衛権の行使とは異なり、国際紛争を解決する手段としての武力行使にほかならないから、九条一項に違反し、そのような能力を保有することは戦力不保持を定めた九条二項に違反するという言い方もできます。専守防衛の範囲の個別的自衛権の行使は、飛んでくる火の粉を振り払うという限りでの最小限度の実力（武力）の行使であり、深追いはできないことが前提なので、国際紛争の解決を目的とするものではないと解することができますが、九条一項の「国際紛争を解決する手段としては」という文言は、グロティウス的戦争観（戦争は紛争解決手段としての決闘であり勝った方が正しいとされる考え方）を否定するためのものです。集団的自衛権の行使は、他国に武力攻撃が加えられたときに出て行って武力で解決するということですから、国際紛争の解決のための武力行使とみるほかありません。そして、九条二項の「戦力」との関係でも、専守防衛の範囲の個別的自衛権の行使のための実力であれば、飛んでくる火の粉を振り払うための必要最小限度の実力は「戦力」に当たらないという説明がこれまでなされてきたわけですが、集団的自衛権を行使することとなると、同盟国に加えられた武力攻撃を一緒になって排除することになるわけで、現実の国際間における武力紛争を鎮圧するだけの効果があるものでなければ話にならないはずです。このようなものが「戦力」に当たらないとは到底考えられません。

このように、集団的自衛権は、歴代政府が現行憲法下では許容されないとの立場を繰り返し確認し、またこれを認めることが憲法の明文に反することが明らかなものであったのです。

(3) 自衛権発動の三要件を覆した「七・一閣議決定」

ところが、こうした従来の政府の九条解釈について、安倍首相の下に私的諮問機関として設置された「安全保障の法的基盤の再構築に関する懇談会」（安保法制懇）は、二〇一四年五月一五日に安倍首相に提出した報告書において、その見直しを行うべきことを提言しました。報告書が提出されるや当日直ちに安倍首相は記者会見を行い、「我が国の安全に重大な影響を及ぼす可能性があるとき、限定的に集団的自衛権を行使することは許される」とする報告書の見解は「従来の政府の基本的な立場を踏まえた考え方」であるとして、これを基礎に「いかなる憲法解釈が適切なのか」、それまでの政府の九条の解釈を変更する方向で検討を進めることを明らかにしました。この首相の意向を受けて、自民党と公明党との間で具体案についての協議が進められ、両党間の合意に基づき二〇一四年七月一日に「国の存立を全うし、国民を守るための切れ目のない安全保障法制の整備について」と題する閣議決定（七・一閣議決定）がなされました。

この閣議決定は、まず、憲法解釈の変更を必要とするに至った経緯について、「我が国を取り巻く安全保障環境の変化に対応し、いかなる事態においても国民の命と平和な暮らしを守り抜くためには、これまでの憲法解釈のままでは必ずしも十分な対応ができないおそれがあることから、いかなる解釈が適切か検討してきた。」とした上で、新たな憲法解釈を採用するに際しての基本的な立場を次のように述べています。

「……政府の憲法解釈には論理的整合性と法的安定性が求められる。したがって、従来の政府見解における憲法第九条の解釈の基本的な論理の枠内で、国民の命と平和な暮らしを守り抜くための論理的な帰結を導く必要がある。」

その上で閣議決定は、前述の一九七二年政府見解を援用して、従来の政府の九条の解釈の「基本的な論理」であるとしています。この一九七二年政府見解は、憲法上なぜ集団的自衛権の行使が認められないかを説明することを目的として提出されたものであり、次の通りです。

① 憲法九条は、我が国が自国の平和と安全を維持し、その存立を全うするために必要な自衛の措置を採ることまでを禁じていない。

② しかし、この自衛の措置は、外国の武力攻撃によって国民の生命、自由及び幸福追求の権利が根底から覆されるという急迫、不正の事態に対処し、国民の権利を守るためのやむを得ない措置として初

めて容認されるものであるから、そのための必要最小限度の範囲内にとどまらなければならない。

③　そうだとすれば、我が憲法の下で武力行使を行うことが許されるのは、我が国に対する急迫、不正の侵害に対処する場合に限られるのであって、したがって、他国に加えられた武力攻撃を阻止することをその内容とするいわゆる集団的自衛権の行使は、憲法上許されないといわざるを得ない。

これに対して閣議決定は、同一の「基本的な論理」によるとしながら、上記の結論部分である③については、「現在の安全保障環境に照らして慎重に検討した結果」であるとして、次のように変更する考えであることを明らかにしました。

③′　我が国に対する武力攻撃が発生した場合のみならず、我が国と密接な関係にある他国に対する武力攻撃が発生し、これにより我が国の存立が脅かされ、国民の生命、自由及び幸福追求の権利が根底から覆される明白な危険がある場合において、これを排除し、我が国の存立を全うし、国民を守るために他に適当な手段がないときに、必要最小限度の実力を行使することは、従来の政府見解の基本的な論理に基づく自衛のための措置として、憲法上許容されると考えるべきであると判断するに至った。

ここで「憲法上許容される」としている必要最小限度の実力の行使のうち、わが国ではなく、わが国と密接な関係にある他国に対する武力攻撃が発生した場合に行うものが、国際法上は、これまで政府が一貫して認められないとしてきた集団的自衛権の行使に当たります。閣議決定においても、新たな九条解釈に基づく武力行使が「集団的自衛権が根拠となる場合がある」と明記されています。

この閣議決定は、新たに認められることとなる武力の行使、すなわち集団的自衛権の行使は、他国に対する武力攻撃の発生を契機とするものであっても、あくまでもわが国を防衛するためのやむを得ない自衛の措置としてなされるものに限られ、国際法上認められる集団的自衛権の行使一般が容認されるわけではないとし、集団的自衛権の行使をこのように限定することによって従来の政府の憲法解釈との整合性が保たれているとするものです。

この新たな解釈によって、これまで「自衛権発動の三要件」とされていたものが、以下の通り「武力の行使の三要件」（新三要件）に置き換えられることになりました。

① 我が国に対する武力攻撃が発生したこと、又は我が国と密接な関係にある他国に対する武力攻撃が発生し、これにより我が国の存立が脅かされ、国民の生命、自由及び幸福追求の権利が根底から覆される明白な危険があること

② これを排除し、我が国の存立を全うし、国民を守るために他に適当な手段がないこと

③ 必要最小限度の実力行使にとどまるべきこと

安保法案の国会審議においては、この新三要件の意味内容やこれまでの防衛出動三要件との異同に議論が集中することとなりました。

しかし、個別的自衛権の行使のみが憲法上認められるとの従来の政府見解の論拠に基づいて、集団的自衛権の行使が限定的に認められるかのように見せかけようとする政府の説明は、破綻しています。自国を防衛するための個別的自衛権と他国を防衛するための集団的自衛権とはまったく本質を異にし、前者のみが許されるとする論拠が後者の行使を容認するための論拠となるはずがないのです。

⑷ 新三要件の問題

違憲である集団的自衛権の行使を容認したという点以外にも、新三要件は、限定性の乏しい極めて曖昧な要件であり、政府の判断によって自衛隊の武力の行使が世界中に際限なく拡大されうる極めて危険なものです。

まず、①の「存立危機事態」の定義がほとんど不確定概念ないし評価概念で構成され、自衛権の発動を制限する明確な判断基準が考えられない点が問題です。「密接な関係」「存立が脅かされ」「根底から覆される」「明白な危険」など、すべて評価ないし価値判断が伴う要素で、その評価はすべて政府に依存することになります。

また、存立危機事態の定義の前段「我が国の存立が脅かされ」と後段「国民の生命、自由及び幸福追求の権利が根底から覆される明白な危険がある」とは表裏一体の関係であり、後段は国民の立場から前段のことの実質を表現しているのであり、両者一体で一つの事柄を表しているのだと説明されています。言い換えれば、他国に対する武力攻撃によって「我が国の存立が脅かされる」という抽象的な事態がすなわち存立危機事態だということになります。「存立危機事態」という表現に至った経緯及びこの表現が「限定」の内容を法律的に検討した末に到達した表現との性格を少しも持たない「言葉遊び」であったことについては、宮﨑礼壹・元内閣法制局長官も指摘しておられます。

そして、集団的自衛権の行使を認めるべき理由ないし立法事実（法律改正を必要とする理由となる事実）として、ホルムズ海峡の機雷封鎖によってわが国への石油の供給が滞ることにより単なる経済的影響にとどまらず国民生活に死活的な影響が生じるような場合に、その機雷除去すなわち武力の行使が必要だということが、繰り返し強調されました。これは、存立危機事態というものが、日本の領域に物理的な戦火が及ぶ可能性がなくても、自衛隊が海外に（場合によっては地球の裏側まで）出動して（他国領域内でも）武力の行使をすることを容認するものであることを示しています。このように、わが国に戦火が及ぶおそれがなくても国民生活に深刻な影響がある場合には武力によって対処するというのは、先の戦争における「石油の一滴は血の一滴」とか「満蒙は我が国の生命線」という言葉を思い起こさせるものです。戦争の反省に立って平和主義を掲げた憲法の下でこのような発想での武力行使が是認される余地があるのかどうかも疑問である上、少なくとも、このようなわが国に戦火が及ぶおそれがない状況下での武力行使は、これまで政府が外国からの不法な武力攻撃を排除することを「自衛」と観念し、そのためにのみ例外的に許容されるとしてきた武力行使とはまったく異質なものであることは明らかであり、このような集団的自衛権の行使までが、政府の主張するように従来の政府の九条の解釈の「基本的な論理の枠内」に収まるとは到底考えられません。

さらに、従来の自衛権発動の要件は、「我が国に対する武力攻撃が発生したこと」であり、それは客観的に認識、判断することが基本的に容易であったのに対し、新三要件の存立危機該当性は、「密接な関係にある」他国に対する武力攻撃かどうか、それが「我が国の存立を脅かす」かどうか、国民の生命、自由及び幸福追求の権利を「根底から覆す」「明白な危険」があるかどうかという、いくつもの不確定概念についての「総合的判断」によって初めて結論が導かれるものであり、その政府の判断の適否についての判断基準らしきものはない点が問題となります。岸田文雄外相（当時）が、二〇一四年七月一四日の答弁で、「日米同盟に基づく米軍の存在、そしてその活動は、我が国の平和、そして安定を維持する上で死活的に重要である、……このような米軍に対する武力攻撃、これは、それ以外の国に対する武力攻撃の場合に比較しても、新三原則に当てはまる可能性は高いと考えなければならない」と述べていることからすれば、米軍に対する武力攻撃はほぼ限定なく「存立危機事態」に該当し、「存立危機事態」の要件は、重要な点で何らの歯止めにもなっていないのです。

②についても、従来の第二要件は我が国有事に対処するのに武力の行使以外に他の適当な手段があるかないかの判断として比較的判断が容易と思われるのに対し、存立危機事態の武力行使の第二要件は、他国に対する武力攻撃に対して採るべき手段・方法は外交交渉、経済制裁その他、実力行使以外に危機を乗り越えるさまざまな手段・方法が考えられますから、「他に適当な手段」があるかないかは相当困難な判断となるという問題があります。前記ホルムズ海峡機雷封鎖の例をとれば、外交交渉、輸入経路の変更、他の国・地域からの輸入、代替エネルギーの確保その他多様な手段・選択肢があり、それがまた、いつ存立危機事態になるといえるかの判断とも交錯することになります。

加えて、他に適当な手段がないかどうかをわが国が主体的に判断できるのかという問題もあります。集団的自衛権の場合、主人公は武力攻撃を受けた米国その他のわが国に対し集団的自衛権行使の要請をしてきた国であって、その国が武力による反撃が必要と判断して話が始まった以上、武力行使による以外に方法がないのかどうかとか、その判断が依然維持されるべきか否かの判断は専ら当該被攻撃国が行うことになるでしょう。わが国が途中で「存立危機事態」要件が消滅したとして戦線を離脱しようと考えても、当該「我が国と密接な関係にある国」がそれを了解するとは考えられず、一旦手を出した以上、途中で自分はやめたといっても「敵」が許すはずがありません。

このように、新三要件のうちの第二要件は極めて曖昧で武力行使の制約要件としての意義が乏しい上、わが国が主体的に判断することができないものであって、非常に大きな問題を孕むのです。

③についても、「必要最小限度の実力行使」と言いつつ、政府は他国の領土、領海、領空でも武力行使が可能となることを国会答弁で認めています。存立危機事態における武力の行使は、もともと他国の戦争に参加する以上、その戦場は海外、基本的に他国の領土・領海・領空となるのは性質上当然です。法文上も、海外での武力行使ができないとする規定はどこにも存在しません。政府は「ホルムズ海峡以外は、現在念頭にない」という説明をしていましたが、まったく整合性を欠いた説明です。第三要件の内容として、他国の領土・領海・領空での武力行使はできない、これまでどおり海外派兵はしない、できないと説明しようとするのは、新安保法制法の下での集団的自衛権の行使をいかにも小さく、危険ではないものだと印象づけるための、まさに強弁というほかはありません。

さらに、③についても、②と同様わが国が主体的に判断できないという問題があります。被攻撃国はフルスペックの武力行使を展開するかもしれないが、我が自衛隊は必要最小限度のところでやめておくなどというわがままを、「戦争」の最中に当該「我が国と密接な関係にある国」が許してくれるでしょうか。そのようなことは到底期待できないでしょう。

以上見てきたように、新三要件は限定性の乏しい極めて曖昧な要件であり、歯止めとしての役割を何ら果たすものではなく、政府の判断によって自衛隊の武力の行使が世界中に際限なく拡大されうる極めて危険なものでしかないのです。

4　新安保法制法の制定・適用の現実的危険性

⑴　新安保法制法と新ガイドラインの対応関係

新安保法制法は二〇一五年九月一九日に国会で成立しましたが、それに先立つ同年四月二七日に、日米安全保障協議委員会（「2＋2」閣僚会合）において、新安保法制法を制定することを見込んで新たな「日米防衛協力のための指針」（新ガイドライン）が締結されました。そして、実際にこれを実施するものとして新安保法制法が制定されたのです。

新ガイドラインは「アジア太平洋地域及びこれを越えた地域」の平和、安定を指針の目的として掲げています。これは、一九九七年の旧「日米防衛協力のための指針」が「アジア太平洋地域」における平和と安全の維持に日米同盟関係が重要な役割を果たしているとしつつ、指針の直接の目的としては日本に対する武力攻撃と「周辺事態」への対処を対象としていたのと大きく異なり、対象が世界に広がっています。これは、新安保法制法によって自衛隊の活動領域（米軍と共同して活動する領域）が地理的限界を取り払って世界中に拡大されたことと対応するものです。

また、新ガイドラインは「日米同盟のグローバルな性質」を強調するほか、「切れ目のない、力強い、柔軟かつ効果的な日米共同の対応」を強調しますが、これは七・一閣議決定が強調しているところと重なり合います。新ガイドラインは、新安保法制が制定・実施されることを前提にそれを先取りし、従来よりもはるかに緊密化・共同化を進めようとする日米同盟の軍事・防衛協力全体の中に新安保法制を位置づけるものとなっているのです。

詳細についてはこれ以上述べませんが、以上のように新安保法制法は新ガイドラインと不可分の対応関係にあり、それは、新安保法制法が新ガイドラインの実施法であると同時に、日本が米軍を支援するための法制であることを示しています。自衛隊は今や、米軍のために集団的自衛権の行使、後方支援、武器等防護等の危険な活動を強いられる日米同盟体制に組み込まれてしまっているのです。柳澤協二・元内閣官房副長官補も、「法案に盛り込まれている内容は、日本の自衛隊があらゆる事態において米軍を防護し、支援し、米軍とともに参加することであり、平時から有事へ、そして地球規模での切れ目のない対米協力である」と指摘するとともに、新ガイドラインについて、米軍からどのような要請があってもこれに対応できるようにするものであることを指摘しています。

日本が新安保法制法の制定により、第二次世界大戦後も絶えず戦争を続けてきたアメリカの世界戦略の中に決定的に取り込まれ、アメリカの軍事戦略と一体となった役割を果たすべきこととなり、日本がアメリカの戦争に参加をし、または巻き込まれていく蓋然性、危険性が極めて高くなっている、その枠組みをご理解いただけたでしょうか。

(2) 新安保法制法の下で軍隊化する自衛隊

七・一閣議決定、新ガイドライン、新安保法制法の制定によって、自衛隊は、存立危機事態における防衛出動（集団的自衛権の行使）、重要影響事態における後方支援活動、国際平和共同対処事態における協力支援活動、PKOにおける活動領域の拡大と武器使用の強化、グレーゾーン事態における武器等防護等、その任務が大きく拡大されるとともに、活動の範囲も地理的限定なく世界規模に広がりました。

そして、このように対外的な武力の行使や武器の使用を伴う拡大された任務と活動の中心は、アメリカの戦争に参加し、または支援・協力するところにあり、新ガイドラインの下、アメリカとの軍事的関係を格段に強めるものとなります。

そうなると、当然のことながら、自衛隊の編成や装備・武器等もその活動を可能とするものにしなければならず、米軍との関係も一層緊密化、一体化していかなければならないことになります。新安保法制法制定前後から顕著に進められるようになった自衛隊の装備の強化・拡充と攻撃的性格の具有は、このことの現れにほかなりません。

そしてこの間、自衛隊の新装備等の導入ないしその構想の拡大には著しいものがあり、それは従来の「専守防衛」の域を超えて攻撃的性格を強めるものでした。例として、「日本版海兵隊」と呼ばれる水陸機動団の発足、その部隊を輸送するためのオスプレイの導入、敵のレーダーに捕捉されにくいステルス性能を備え防空網を破って敵地に侵入できる攻撃的な能力を有するF35戦闘機の導入、航空自衛隊の戦闘機に搭載する長距離巡航ミサイルを導入するための関連経費の二〇一八年度予算案への追加計上、新たな弾道ミサイル防衛システムとしての陸上配備型のイージス・システム（イージス・アショア）二機の導入の決定等を挙げることができます。

また、二〇一八年一二月一八日に政府が閣議決定した「平成三一年度以降に係る防衛計画の大綱について」（新防衛大綱）及び「中期防衛力整備計画（平成三一年度～平成三五年度）について」（新中期防）は、北朝鮮と中国を念頭に、日本を取り巻く安全保障環境を極めて厳しいものと描き出し、これに対して宇宙・サイバー・電磁波領域を含む「多次元統合防衛力」の構築を標榜するとともに、かつての専守防衛のための武器・装備の制限を踏み超えて攻撃的な打撃力を拡大しようとする点でかつてない特徴をなしています。その端的な表れが日本最大の「いずも」級護衛艦の改修による事実上の空母の導入です。従来の政府の九条解釈においては「性能上もっぱら相手国の国土の壊滅的な破壊のためのみに用いられる攻撃的兵器」の保有はできないとされ、「攻撃型空母を保有することは許されない」とされてきました。「防御型空母は保有できる」との主張もありましたが、長距離ミサイルを備えた戦闘機を搭載する空母が「防御型」ということは困難です。その空母の保有計画が現実化した今、その憲法適合性が問い直されなければならないことは当然でしょう。

5　新安保法制法の立法行為による権利・法的利益の侵害

本件訴訟において原告が主張している被侵害権利・法的利益は、平和的生存権、人格権、憲法改正・決定権の三つです。それぞれの原告の被害の詳細については、安保法制違憲訴訟の会編『私たちは戦争を許さない——安保法制の憲法違反を訴える』（岩波書店、二〇一七年）や同会編『安保法制は憲法違反——国家賠償請求事件における最終準備書面』（日本評論社、二〇一九年）をお読みいただくとして、ここでは前記の三つの権利・法的利益について概観することにします。

(1)　平和的生存権

平和的生存権は、自衛隊違憲訴訟において一九六〇年代から主張されてきた権利で、時代を下るにつれて論理が精緻化されています。

平和的生存権の内容は、「戦争と軍備および戦争準備によって破壊されたり侵害ないし抑制されたりすることなく、恐怖と欠乏を免かれて平和のうちに生存し、またそのように平和な国と世界をつくり出してゆくことのできる核時代の自然権的本質をもつ基本的人権であり、憲法前文、とくに第九条および第一三条、また第三章諸条項が複合している憲法上の基本的人権の総体である」（深瀬忠一『戦争放棄と平和的生存権』（岩波書店、一九八七年）二二七頁）とされています。憲法上の根拠として前文、九条、一三条が掲げられていることが重要で、前文の「平和のうちに生存する権利」の意味内容が九条によって充填され、それによって具体性を備えた人権として機能しうるものとなり、かつ、第三章の人権条項と相俟って個別の事案において働くこととなります。

平和的生存権に対しては、「平和」が抽象的概念であることや平和の到達点及び達成する手段・方法も多岐多様であること等を根拠にその権利性を否定する考え方もありますが、憲法上の概念はおよそ抽象的なものであって解釈によってそれが充填されていくものであること、たとえば「自由」や「平等」ですらその達成手段や方法は多岐多様というべきであることからすれば、平和的生存権のみが平和概念の抽象性等のためにその権利性を否定されなければならない理由はありません。

また、平和的生存権を否定する人の中には、百里基地訴訟最高裁判決（最判平成元年六月二〇日民集四三巻六号三八五頁）が平和的生存権を否定した先例だという人がいますが、これは明白な誤りです。この判決は、憲法九条が私法上の行為（ここで想定されているのは売買契約等の私法上の契約です）の効力に直接影響しないということを述べているのであって、平和的生存権を侵害する国家行為が不法行為（国家賠償）責任を発生させないという趣旨を読み込むことは到底できません。

また、今回の訴訟で、原告は、「七・一閣議決定」より前の政府の九条解釈から逸脱した政府の行動を問題にしているのであり、この点が従来平和的生存権が主張されてきた局面とは大きく異なります。自国の防衛に限定された必要最小限度の実力の保持・行使ではなく、集団的自衛権の行使といった局面においてさえ裁判所が平和的生存権を権利・法的利益として認めないとすれば、それは、政府が憲法の平和主義に反するどんな行為を行おうと（政府自らが確立した解釈の枠を踏み越えようと）それを止める手段がないということであり、裁判所が平和的生存権ひいては平和そのものを「殺す」ことにほかなりません。

(2) 人格権

人格権は、人間が個人として人格の尊厳を維持して生活する上で有するその個人と分離することのできない人格的諸利益の総称ですが、今回の訴訟で原告が主張しているのは①生命権・身体権及び精神に関する利益としての人格権、②平穏生活権、③主権者として蔑ろにされない権利の三つです。

①と②は截然と区別することが難しいのですが、基地周辺住民の原告は、新安保法制法の制定・施行により基地がいつ「敵国」やテロリストの攻撃対象とされるかもわからない状況に置かれたことでこれらの権利を侵害されたといえます。戦争体験者の原告が新安保法制法の制定・施行により戦時中に蒙った生命・身体・精神への侵害（トラウマ）を再体験させられたことも、これらの権利の侵害です。集団的自衛権が実際に行使され日本が戦争当事国になった場合に、戦争遂行のために物品や人員（自衛隊員等を含む）の輸送等の協力を求められる立場にある公共輸送機関労働者の原告も、このような事態に対

する不安に苛まれるわけですから、②の権利が侵害されています。

③については、次項の憲法改正・決定権と隣接するものですので、そこで触れることにします。

(3) 憲法改正・決定権

憲法改正・決定権というのは、国民主権原理の下では憲法制定権力を有する主権者である国民が憲法をそのままの形で維持するか改正するかについての最終的決定権を有するとの理解を前提として、そのような憲法改正の手続に際して、内容を十分に理解し、直接自ら意思表示し、決定に参加する国民の権利です。別の言い方をすれば、具体的な憲法改正課題が生じたときに、国民各人がその賛否を最終的には国民投票制度を通じて表明し当該憲法改正の是非を決定する具体的権利であるとともに、国会における発議以前から、国民の代表である国会議員を通じて、あるいは表現の自由、政治活動の自由その他の権利を自ら行使し、国民投票運動に参加することにより、その憲法改正課題に対して賛否その他の意見を表明し、国民的意思を形成する過程に参加する権利です。

この権利については、こうした権利を認めると、国会が違憲の法律を作った場合にすべてこの権利の侵害になるのではないかという批判もあるようですが、それは誤りです。今回の訴訟で問題とされているのは、長年の国会答弁を通じて確定された政府解釈に反して、それまで明確に違憲とされてきた（変更するのであれば憲法改正が必要とされてきた）集団的自衛権の行使を安倍内閣が憲法解釈の変更により閣議決定し、国会もそれに追随したという、憲政史上例のない政府と国会の暴挙による国民の権利の侵害なのです。「これをやるには憲法改正が必要です」と政府が繰り返し確認してきた事柄など集団的自衛権の問題以外にはほとんどないのです。本件は、立法の内容が憲法で許容された範囲を期せずしてうっかり踏み越えてしまったとか、立法の内容が時の経過により憲法で許容された範囲を踏み越える状態になっていたがそのまま放置したという、通常問題となる違憲立法の場合と同列には考えられません。

本件では、政府と国会が「解釈改憲」という「裏口」を使って憲法改正手続によらずに現行憲法の規範を破壊したのですから、これにより、国民の憲法改正・決定権が侵害されたことになります。

そして、この憲法改正・決定権の侵害の過程において、原告は、自らの主権者としての地位・資格を蔑ろにされ回復不能の疎外状態に置かれたという焦燥感、不安感、屈辱感を感じさせられたということになり、これらの（本来感じなくてよかったはずの）感情を感じさせられたことが、人格権のところで述べた③主権者として蔑ろにされない権利の侵害になるわけです。

第四　安保法制違憲訴訟における七判決の評価

1　はじめに

二〇一五年九月一九日未明の参院本会議における新安保法制法の暴力的な強行採決から五年が経過しました。二〇一四年七月一日の閣議決定による「解釈改憲」から始まった集団的自衛権行使容認を中心とする新安保法制法の審議過程そして採決強行からその後の施行、運用によって、日本の憲政史上かつてない立憲主義、法治主義の崩壊が引き起こされました。「正式な憲法改正手続きをとらずに九条に関する解釈の変史という形で、憲法の論理的限界を突き破った閣議決定は、法学的にみれば上からの革命であり、まさしくクーデターなのです」と石川健治東大教授に評されるような異常事態から五年以上、まともな国とは思えない政治状況が安倍政権の下で続きました。新安保法制法、共謀罪などの賛否が分かれる重要法案、森友・加計問題、桜を見る会の問題、検察庁法改正問題などの場面において、安倍首相からは、国会での情報開示や、国民に対しての丁寧な説明はなされませんでした。

コロナ禍の現在にあっても、米中対立を始めとする世界の軍事的緊張は留まるところを知らず、いつ自衛隊が米国の戦争に巻き込まれるか、いつ日本や日本人がテロの標的になるかわかりません。こうした懸念が単なる杞憂に過ぎなければ幸いなのですが、これまでの日本と米国との関係や安倍政権を継承するという菅政権の下でも、最近は敵基地攻撃論などという憲法九条の目指す方向とは真逆の軍事政策も堂々と政権与党の中で論じられる様になってしまいました。まさに専守防衛という概念は死語になってしまったかの如くです。言葉としては「専守防衛」を唱えてはいますが、その内実は、すでに二〇一四年に大きく変容してしまっています。集団的自衛権の行使を容認することになったため、従来の専守防衛の概念を解釈によって変容させてしまっているのです。

防衛白書によると「専守防衛とは、相手から武力攻撃を受けたときにはじめて防衛力を行使し、その態様も自衛のための必要最小限にとどめ、また、保持する防衛力も自衛のための必要最小限のものに限るなど、憲法の精神に則った受動的な防衛戦略の姿勢をいう」のですが、この定義の冒頭の「相手から武力攻撃を受けたときに」という部分を、政府はイラクからアメリカが武力攻撃を受けたときも含むと解釈しています（二〇一五年五月一二日小西洋之参議院議員に対する防衛省の答弁）。

こうした点も十分に国民に説明されることなく、敵基地攻撃論などが公然と議論されるような状況になっているのです。こうした憲法無視の危機的状況だからこそ、司法が果たさなければならない役割があるはずです。そもそも憲法は何のために制定されたのでしょうか。憲法前文を読むとそこに憲法制定の目的が書かれていることがわかります。

「日本国民は、正当に選挙された国会における代表者を通じて行動し、われらとわれらの子孫のために、諸国民との協和による成果と、わが国全土にわたつて自由のもたらす恵沢を確保し、政府の行為によつて再び戦争の惨禍が起こることのないやうにすることを決意し、ここに主権が国民に存することを宣言し、この憲法を確定する。」(前文一項)

日本国民は、「わが国全土にわたつて自由のもたらす恵沢を確保」するため、すなわち日本中に自由と人権をもたらすため、そして「政府の行為によって再び戦争の惨禍が起こることのないやうにすることを決意」して、すなわち政府に二度と戦争をさせないために憲法を制定しました。そしてこの二つの目的を実現するための手段として「ここに主権が国民に存することを宣言」したのです。すなわち私たちが主体的に行動してこの二つの目的を実現するために、戦前の臣民ではなく主権者になったのだと宣言しているのです。ですから、国民は人権を守り、政府に二度と戦争させないために、主体的に行動しなければなりません。それが、「この憲法が国民に保障する自由及び権利は、国民の不断の努力によつて、これを保持しなければならない。」と規定される国民の責任なのだと思います。

その責任を果たすべく、二〇一六年四月から多くの国民・市民が原告となって全国で安保法制違憲訴訟が提訴されました。集団的自衛権行使容認に代表される、この一見して明白に憲法に違反する新安保法制法の制定過程により、また、その後の実施により、多くの国民・市民が現実的で具体的な精神的苦痛という被害を受けています。その被害の回復を求め、そして何よりも平和憲法の下に暮らす国民・市民として立憲主義、平和主義を護り抜くために立ち上がったのです。全国二二の裁判所における二五件の裁判で、八〇〇〇名近い数の原告が訴訟を提起し、その規模においても、内容においても、日本の憲法訴訟として有数の大規模な集団訴訟を通じて、国民・市民は憲法一二条の規定する「不断の努力」を実践するべく、主体的な市民としての責務を果たそうとして日々闘っています。

そうした中で、二〇二〇年一〇月一日時点において七つの一審判決が出されています。札幌地裁二〇一九年四月二二日・自衛隊出動差止め及び国家賠償請求事件判決（札幌判決）、東京地裁二〇一九年一一月七日・国家賠償請求事件判決（東京国賠判決）、大阪地裁二〇二〇年一月二八日・自衛隊出動差止め及び国家賠償請求事件判決（大阪判決）、東京地裁二〇二〇年三月一三日・自衛隊出動差止め及び国家賠償請求事件判決（東京差止判決）、高知地裁二〇二〇年三月二四日・国家賠償請求事件判決（高知判決）・那覇地裁二〇二〇年六月三〇日・国家賠償請求事件判決（沖縄判決）、前橋地裁二〇二〇年一〇月一日・国家賠償請求事件判決（前橋判決）です。

前橋判決を除く六つの判決は原告らの請求を認めず、新安保法制法を違憲とする判断を回避しました。そのうえ、その多くの裁判所は原告らが申請した証人尋問をすべて却下するなど十分な審理をしないまま、「平和的生存権は具体的権利ではない」「人格権を脅かす戦争の危険はない」などとして原告らには法的保護される権利ないし利益の侵害はないと判示しているのです。前橋地裁においては「一見して明白な憲法違反」という宮崎礼壹内閣法制局元長官の証言を得ながらそれを生かすことなくまったく同様の判断をしました。

この七判決にはいくつかの共通する傾向があります。

それは、原告らの被害に真摯に向き合うことなく、軍事や平和についての専門的知見に対して謙虚に耳を傾けようともせず、そして何よりも憲法価値の擁護者としての自覚が欠如している裁判所の態度です。これだけ重大な憲法問題を含む事件をできるだけ小さな取るに足らないものに矮小化し、政治部門に配慮して、今更、事を荒立てることはしないという態度が鮮明に現れています。

それは、この国が直面している本質的な問題に向き合おうとせず、政治部門への配慮、忖度から裁判所の職責を果たすこともせず、ひたすら保身と事なかれ主義に終始する態度にほかなりません。それは証人尋問を行うことすら拒否してきた訴訟指揮にも端的に現れています。人権を擁護し、ときに政治部門の多数派による権力の暴走に歯止めをかけて、憲法価値を護るという裁判所の職責を放棄したものといわざるを得ません。

安倍政権の下では、公文書をきちんと保管せずに、廃棄したり改ざんしたりと信じられないような公文書管理の不祥事が相次ぎました。後に歴史の評価を受けるという意識が皆無だったのでしょうか。どのような政策も人間が立案し実施しますから、万全ではありません。ときに失敗や間違いもあるでしょう。たとえ失敗や間違いを起こしたとしても、それは事後的検証により同じ間違いを繰り返さない教訓を得ることによって、はじめてその失敗は単なる失敗ではなくなります。ですが、人事権を握られた官僚の政権に対する忖度が蔓延したことによって、意味のある失敗の経験を残すことすらできませんでした。

こうした忖度が官僚のみならず、裁判官にも蔓延してしまい、裁判官の職業倫理、プロ意識が疑われるような裁判手続、判決が続きました。判決の評価を歴史に委ねる、そのためにしっかりと証人尋問を行い、丁寧な判決を書いて当事者を説得するという意識がまったく欠けている判決が続いてしまいました。「これは政府が決めたことなのだから、国民は黙って従うように」という戦前のお上意識が見え隠れする判決です。

そもそも世界の近代国家は、国王などの一人の為政者に権力が集中して人々を苦しめた過去の経験から、権力分立を国家統治の基本としました。立法権、行政権、司法権の各国家作用を異なる機関に担当させ、相互に監視・抑制させることで、それぞれの国家機関が権力を濫用して国民の権利・自由を侵害することを防止しようとしたのです。そしてそうしたガバナンスの仕組みを国家に守らせ、国民・市民など個人の権利・自由を保障するために憲法が制定されました（近代立憲主義）。こうした近代国家にとっての世界標準である立憲主義、権力分立は人類の叡智ともいうべきものであり、当然に日本国憲法もこうした立憲主義、権力分立を国家統治の基本に据えています。

ところが、今回の七判決は、こうした立憲主義、権力分立の観点から裁判所が果たすべき役割を放棄しました。裁判官も一個人ですから、自らの出世欲、保身、現在の司法が抱える内部的な締め付けによる仕事のしづらさなどさまざまな原因があることは容易に推察できるのですが、それにしても、これまで七判決すべてが、憲法が裁判所に与えた役割を果たさず、単なる政治部門の暴走を追認する機関に堕してしまったことは残念でなりません。

裁判官は、人権保障と憲法保障という崇高な目的のために権力を行使することができる希有な職業です。だからこそ強い独立性とその身分が憲法上保障されています。こうした職責と国民からの負託にまったく応えようとしない裁判官に高額の給与と身分が保障され、国民の貴重な税金が浪費されていくことは極めて遺憾です。

以下、原告らの主張する法的利益の誤認、軍事的危険性についての認識不足、平和に関する無理解及び憲法判断回避の不当性の四点について検討していきます。

2　原告らの主張する法的利益の誤認について

原告らは、平和的生存権、人格権、憲法改正・決定権の侵害による被害を防止するために差止めや損害の賠償を求めています。これに対して、七判決ともに、これらすべての権利について、法的に保護された利益ないし権利の侵害ということはできないとして、請求を棄却しました。その判断過程においてはいくつもの誤りがありますが、特徴的なものを上げていきます。なお、平和的生存権については後に述べることとします。

(1)　生命、身体等の人格権の侵害は漠然とした不安にすぎないとしている点

第一に、札幌判決や前橋判決において、「我が国は、他国による武力行使の対象とはされて」おらず、「原告らの生命、身体及び財産等の侵害の危険が切迫し、現実のものとなったとまではいえない。」と判示している点を指摘しなければなりません。

実際に攻撃を受けて被害が生じるまでは、危険性はないのだから原告らは我慢しろという恐るべき感覚です。実際に攻撃を受けてからでは遅すぎるからこそ、原告らは今、声を上げているのに、その真摯な訴えに応えようともしない判断だといえます。国家が戦争に近づく一切の行為を禁じた憲法九条の「防火壁」としての意義や、平和的生存権という個人の人権として平和を規定した憲法の平和主義の構造をまったく理解していません。

沖縄判決においても、沖縄が「米国が戦争当事者となった際にその敵対勢力からの標的にもなり得

る」ことを認めながらも、同様に「他国間の戦争に巻き込まれるなどの具体的なおそれが生じているとまでは認められ」ないとしています。

さらに、東京国賠判決においては、何の理由もなく「本件各行為は立法行為及び閣議決定であり、それ自体が原告らの生命・身体の安全に危険をもたらす行為とはいい難い。」と断定しています。法律は制定されれば執行されるものであり、その執行によって原告らが被害を受けることをまったく考慮していません。制定当時、あれだけ安倍元首相が「日本を取りまく安全保障環境の変化」を訴えて、今にも日本が攻撃されるかのような危機感を煽って制定した法律であるにもかかわらず、この法律が適用されるような危険な状況は一切ないというのです。立法理由とされた危険性と原告らの被害を判断する際の危険性とは異なるというだけでは、この矛盾の説明になりません。仮に日本が武力攻撃に巻き込まれる危険が現時点において認められないのであるならば、直ちに新安保法制法などは廃止するべきです。

現実に日本が武力攻撃を受けなければ、裁判所は救済に出ないという態度は七判決に共通しています。この点は後に述べますが、言うまでもなく、実際に攻撃されてから裁判所に訴えても手遅れです。命を奪われた国民・市民は何の救済も受けることなどできません。原発事故が起こるまで何の救済に出ようとしなかった裁判所の体質は何一つ変わっていません。そしてこうした裁判所の態度は、新型コロナウイルス感染拡大防止のための休業要請によって経済損失を生じる個人や小規模事業者がいくら声を上げても、補償など具体的な救済措置をほとんど取ろうとしない政府の姿勢と共通しており、国民・市民の生命・健康・財産を守ろうとする意識がまったく感じられません。

(2) 精神的苦痛が生じているとしても社会通念上受忍すべき限度にとどまるとしている点

次に高知判決、沖縄判決を除く五判決は、原告らに多少の精神的苦痛が生じたとしても、それは社会通念上受忍すべき限度にとどまるものであるから、法的保護利益の侵害とはいえないとしています。

しかし、そもそもこのように原告らに精神的苦痛を強いることが社会通念上での受忍限度を超えるものではないという理論を使うのであれば、苦痛を強いる国家行為が少なくとも正当なものでなければなりません。原告らは違憲・違法な閣議決定と法律制定という国家行為によって耐え難い精神的苦痛を被ったと訴えているのですから、この国家行為の合憲性・適法性を論じることなく受忍限度論を持ち出すことはできないはずです。それにもかかわらず、受忍限度論を採用するということは、「原告らの精神的苦痛がどれほど切実なものであるとしても、その立法が違憲であるか否かはさておき、仮にその立法が明らかに違憲・違法であるとしても、これらは社会通念上受忍されるべきものといわざるを得ない」と言っているのと同じです。このような馬鹿げた判断が許されてはなりません。

この点、前橋地裁では、原告から「違法な公権力の行使によって何らかの権利侵害を受ける者は、被害の軽重に関わらずこれを受忍しなければならないいわれはない」という主張がなされましたが、「原告らの主張に係る否定的な感情ないし精神状況は、……直ちに法的保護を与えるべき人格的な利益の侵害状態であるとはいえない」として採用されませんでした。

そして、何よりも七判決はいずれも原告らの切実な苦痛に向き合っていません。たとえば東京国賠判決は、「原告らの精神的苦痛も、その置かれた境遇や立場を基礎にして、本件各行為を戦争への加担ないしテロ攻撃による被害を導くものとして理解を共通にする国民一般に広く生じ得る恐怖、不安とみるほかない。」と判示して、国賠法上の保護の対象となる法的利益の侵害とまでは認められないと判断してしまいました。

しかし、新安保法制法は、集団的自衛権の行使を容認することを主眼とする戦争法制であり、同盟国とされる米国との関係から、戦争ないし武力行使に巻き込まれるおそれを感じ、不安ないし恐怖を覚えるのは、平和で平穏な生活を送りたいと願う者にとっては当然のことです。これを「国民一般に広く生じ得る恐怖、不安」であるとか、「漠然とした不安感という域を超えるものではない」として無視したり軽視したりすることは、決してできないはずです。

この安保法制違憲訴訟における全国の原告らは、太平洋戦争の際における原爆や空襲の被害体験者、兵役とシベリア抑留経験者、戦中戦後の食糧難経験者、船舶の乗務員経験者、鉄道の従業員、研究者・教育者、宗教者、基地周辺の居住者、放射線医学研究者、退職自衛官、ジャーナリスト、障がい者やその家族、原発設計経験者、母親、市民運動に関心を持つ若者など多岐にわたります。人生経験と感受性、考え方などはそれぞれ異なりますが、誰もが戦争やテロ攻撃の恐怖にさらされることなく、平穏に安心して生活できることを願い、そのために自律的に自己の生き方を決め、行動したいと思っている国民・市民です。

このような原告らにとって、新安保法制法の制定は、平和国家の本質を変え、戦争に道を開くものですし、原告らは、その制定により、過去の経験につながる恐怖を感じたり、胸騒ぎや将来に対する切実な不安を覚えたりするなど、現に「漠然とした不安」を超える精神的苦痛をこうむっているのです。

こうした原告らが感じる精神的苦痛は、原告らのこれまでの人生経験や地位職業等にしたがって生じるきわめて現実的なものであって、一般通常人の感覚からみてもいずれも深刻な不安ないし苦痛として受け止めるべき切実な内容を持っているものといえます。

新安保法制法は自衛隊と米軍とのさらなる一体化を押し進め、自衛隊の軍備増強や武器使用の制限緩和などをもたらしました。原告らのそれぞれの具体的な人生経験や地位、職業等の事実関係を基礎として、新安保法制法が日本にもたらした戦争やテロの危険の高まりという客観的な事実を加味すれば、原告らそれぞれが訴える精神的苦痛は、一般通常人を基準としてもきわめて深刻かつ切実な不安と認めるべきなのです。決して漠然とした不安に過ぎないなどとして排斥できるものではありません。

(3) 立法等によって生じる精神的苦痛は間接民主制では不可避であるとしている点

そして、その精神的苦痛を受けたとしても受忍するべき根拠として多数決原理を基礎とする間接民主制をあげています。高知判決も「法律案の議決は、いずれも多数決原理を基礎とするものであることからすれば、…一連の立法行為によって、一部の国民の意見や信条等と相容れない内容の法律が制定されることを予定しているものといわざるを得ない。」として原告らの人格権侵害を否定しています。

これは間接民主制と憲法が保障する人権についての驚くべき無理解と言わざるを得ません。

まず、このように原告らの被害を単に「自らの信条や信念と反する立法等が行われることによって生ずる精神的苦痛」（札幌判決）、「一部の国民の意見や信条等と相容れない内容の法律が制定」（高知判決）などと、単なる意見の違いを争っているかのごとくに問題を矮小化してしまっています。

原告らは重大な憲法違反が行われたことにより甚大なる精神的苦痛という被害を受けているのであり、決して単に自らの主義主張に反する立法がなされたことに不満を訴えているのではありません。

さらに、東京国賠判決においては、「原告らが本件各行為において採用された政策判断を批判し、自らの信念を表明して、個々人において意見表明や政治活動に及んだり、賛同者を求めて集団行動としてそれらの活動に及んだりして、更に賛同者を募ることは何ら妨げられるものではないのであり、その意味において、原告らの精神的苦痛は社会生活において回復されるべき事柄というべきである。」としています。

原告らは、新安保法制法制定という政策判断に重大な憲法違反が含まれていると主張しているのにも関わらず、判決では単なる一般的な政策判断と同視して論じるという過ちを犯しています。憲法違反か否かは単なる政策判断の問題ではありません。本件のような重大な違憲性が問題になっている事柄については、政治過程ではなく違憲立法審査権を持つ裁判所が最終判断をするべき問題なのです。

その上この判決は、原告らの精神的苦痛は通常の政治過程つまり民主政の過程において回復されるべきものとする過ちをも犯しています。

原告らは、新安保法制法の制定過程において、多数決原理においては救済されない少数者の人権保障を裁判所に求めています。にもかかわらず、その少数者の被害を通常の政治過程で回復しろというのは、裁判所自らが、人権保障の担い手としての責務を放棄するのと同じことです。

しかも、本件立法は、法案を十分に議論することもなく、強行採決により成立させたものです。少数意見を尊重した上で、充分な議論を行うという、多数決が民主主義の原理として健全に機能する前提は、一切確保されていませんでした。国民の意見に耳を傾けることもなく違法な手続きによって成立されたとされる新安保法制法による被害を、この判決は、個々人の意見表明や政治活動、賛同者を求めて集団行動などの社会生活において回復しろというのです。民主政の過程や司法の役割についても、まったく理解が及んでいない判決といわざるを得ません。

(4) 憲法改正決定権についての無理解

原告らは、新安保法制法の成立によって、主権者たる国民の重要な参政権的権利である憲法改正・決定権が侵害され、実質的に憲法が法的なクーデターによって改変されてしまったことによる甚大な精神的苦痛を被ったと主張しています。国民は主権者として唯一憲法改正・決定権を有しているのであり、発議から承認に至るまでさまざまな関与によって憲法改正・決定権を行使していくことは法的に保護されるべきです。なされるべき憲法改正手続が行われず、国民投票の機会を奪われたまま、自分たちで決めることができなかった苦しみ・怒り・憤り・不安を訴えているのですが、東京国賠判決などは、国民は憲法改正国民投票で「承認」することができるだけなのであるから、発議の有無について何らかの権利又は法的利益は認められないとして、原告らの主張する法的利益の侵害を否定しています。前橋判決においては、「国民投票法は、国民投票に関する手続を定めるとともに、憲法改正の発議に係る手続の整備を定めるにすぎない……。憲法九六条は、個々の国民に対し、……具体的な権利ないし法的利益を保障したものとは認められない」として、同じく否定しています。

原告らは憲法に真摯に向き合っているからこそ、その改変には十分な議論が必要であり、その機会を奪われてしまったことによる精神的苦痛という被害を訴えています。今回の新安保法制法の制定過程のように立憲主義が無視され、法の支配の根幹をなす適正手続きを無視した行為が行われて憲法が冒涜されたとしても、それは原告らの苦痛を理解できない裁判官にとっては、何の精神的痛みも感じない些細な出来事にすぎないというのでしょうか。

沖縄判決では、それまでの判決が、憲法改正の際の国民投票について具体的権利性を否定してきたのとは異なり、被告の主張を退けて憲法改正・決定権が法的に保護された利益であることを認めています。ところがその後で「原告らの主張は安保法が憲法規範と同価値の法規範として憲法規範を変容させていることを前提に置いていると解されるが、安保法は憲法そのものでもなければ制定法の外観を有することから直ちに有効な憲法適合的規範といえるものでなく、いずれにしてもその制定により憲法規範を変容させる法的効力を持つものでないから原告らの主張は上記のそもそもの前提を欠いている」として権利侵害を認めませんでした。この点はまったく承服できません。原告らはこれまでの国会・内閣による憲法実践の積み重ねによって形成されてきた第九条の憲法規範に違反する法律が制定され現実に運用されていることから、これまでの憲法規範が国民投票によって国民の意思を問うことなく変容されてしまったとして争っているのです。裁判所としては新安保法制法が違憲か否かを判断するべきだと考えています。

3　軍事的危険性についての認識不足

裁判所が原告らの主張を否定する際に特徴的なこととして、戦争や武力紛争、テロの実態に向き合おうとしないことがあげられます。裁判官は、現実の武力紛争を経験しておらず未知であるが故に、謙虚にその現実の実態を知ろうとするのが本来の姿であるはずなのですが、極めて残念なことに七判決ともにそうした態度とは無縁でした。何も知らないにも拘わらず、専門家の意見を尊重することもなく、自分たちの誤った思い込みと独断によって、新安保法制法の成立と実施の危険性に関する判断を大きく誤ってしまいました。

たとえば、東京差止判決において、新安保法制法による自衛隊の防衛出動が行われた時に、日本が武力攻撃を受けるか否かについて、日本が相手国等から武力攻撃を受けることはなく、日本が戦争当事国になるおそれすらないと断定しています。

同様の理屈で、後方支援活動として自衛隊が戦闘地域で兵站活動や国際平和協力法による駆け付け警護等、自衛隊法九五条の二に基づく武器等防護を行ったとしても、日本が相手国からの攻撃対象になることはないと断定しました。

しかも、それは本件の全主張、立証によって明らかだと認定しています。証人尋問を一切することなく、何ら軍事専門家の意見も聴かずにこのように断定してしまいました。

前橋訴訟では元東京新聞論説兼編集委員である半田滋氏の証人審問が行われ、専門的知見に基づいた貴重な証言がなされたにも関わらず、判決では「上記証言を踏まえても、我が国が戦争とテロ行為に直面する危険性が現実化しているとまでは認められ……ない」として、残念ながら耳を傾けようとしませんでした。

東京国賠訴訟においては、一切の証人尋問を拒否し、半田滋氏の意見書のみから「我が国が武力行使又はテロ攻撃の対象となる旨の予測を述べるものであって、我が国が現実に武力行使又はテロ攻撃の対象とされている旨を述べるものとはいえない。」とした上で、「原告らの生命、身体の安全が侵害される具体的危険が生じたものと評価するに足りない。」と認定しています。

高知判決も同様に「具体的な侵害は勿論のこと、侵害の危険性も具体的に生じているとは認められない。」と判示しました。

沖縄判決においても、沖縄における戦争の持つ特別な意味についての一定の理解を示しているのですが、結局は、他の判決と同様に今の段階では具体的な危険が発生しているわけではないということで、原告らへの権利侵害は認めませんでした。基地があることで攻撃対象となることを認めているのですから、もう一歩踏み込んで欲しかったところです。

すべての七判決において、どうしてこうした判断になってしまったのでしょうか。

それは、新安保法制法が制定されたからといって、「我が国が他国から武力行使の対象とされている」状態にならなければ戦争やテロのおそれがないとの考え、日本国外で起きていることは日本の安全とは無関係であるという考え、そして日本がアメリカの戦争に巻き込まれることはないという考えに基づいていると思われます。こうした楽観的な考えは、どれも非常識で間違っていると考えますが、少なくとも判決でこうしたことを断定するのであれば、すべての法廷で証人尋問を行い専門家の話を聴いてからにしてほしかったと思います。

以下、順に検討してみます。

(1)「我が国が他国から武力行使の対象とされている」状態にならなければ戦争やテロのおそれがない、という判断の非常識。

東京国賠判決や前橋判決では、「当審における口頭弁論終結時において、我が国が他国から武力行使の対象とされているものとは認められず、客観的な意味で、原告らの主張する戦争やテロ攻撃のおそれが切迫し、原告らの生命・身体の安全が侵害される具体的な危険が発生したものとは認め難い。」と判示しています。

しかし、これは、「戦争になっていないから戦争のおそれがあるとはいえない」、「戦争になってからでなければ身の危険はない」というものに外なりません。仮に「我が国が他国から武力行使の対象」となったら、それはとりもなおさず、事態対処法にいう「武力攻撃事態」であり、それは戦争の勃発にほかなりません。国中が大騒ぎになっているような状況であり、自衛隊も展開を始め、住民も都市や軍事施設や原発近くなどから、我先にと避難しようとしている状況です。こうした事態にならなければ、原告らの「生命・身体の安全が侵害される具体的な危険」がないというわけですが、こうした判断があまりに非常識であることは明らかであると思われます。

戦争になってしまってからでは遅い。だから今、裁判所に救済を求めているのです。それに対して、「まだ戦争になっていないから救済する必要はない。国内が戦争状態になってから裁判所に訴えるようにしろ」というのがこうした判決の論理ですが、これに納得できる原告がいるのでしょうか。余りにも非常識であり、実質的な判断の放棄、司法の役割の放棄にほかならないと考えます。

(2) 日本国外で起きていることは日本の安全とは無関係であり原告らの生命・身体の危険がないという考えはどうでしょうか。

この判断は新安保法制法の構造に反しています。東京国賠判決は、「南スーダンにおける紛争は同国の国内問題とみるほかなく、その帰趨により、我が国に対する武力行使を通じて、個別の原告らの生命・身体の安全に具体的な危険が生ずるものとは直ちに認めがたい。」と判示しています。これは、地球の裏側で戦争が起こり、仮に自衛隊がこれに関与したとしても、日本の領土・領域が直接攻撃を受ける可能性は低いということですが、これは間違っています。

そもそも、集団的自衛権の行使を容認した閣議決定が「脅威が世界のどの地域に発生しても、我が国の安全保障に直接的な影響を及ぼし得る状況になっている」と記述しているように、世界のどの地域で戦争が起こったとしても、日本の領土・領域への脅威となることが、新安保法制法の根拠とされたことを忘れてはなりません。新安保法制法の審議の過程でも、さんざん日本取り巻く安全保障環境が変化していると騒ぎ立て、ホルムズ海峡封鎖による経済的影響によっても存立危機事態になり得るとまで言われました。また二〇一七年八月一〇日、衆議院安全保障委員会での答弁において、小野寺防衛大臣（当時）は、北朝鮮がグアムに向けてミサイルを発射した場合でも、存立危機事態になり得、その場合には日本が集団的自衛権を行使し得ると述べています。

このように、政府は世界のどの地域の紛争であっても、存立危機事態となり得るという前提のもとで集団的自衛権の行使の必要性を訴えてきました。そして日本が集団的自衛権を行使して同盟国の紛争に関与していくということは、日本が紛争当事国、戦争当事国になることですから、他の当事国やテロ組織にとっての標的となることを意味します。地域的な枠を取り払って集団的自衛権行使を可能としたところに新安保法制法の危険性の本質があります。にもかかわらず、新安保法制法制定による国民の生命等への危険性を論じるにあたって、地域的な限定を前提に判断するのはどう考えても矛盾しています。

この判決のように、南スーダンにおける紛争は同国の国内問題であり、日本には無関係と言ってしまっていいのでしょうか。

南スーダンでは、自衛隊と他国軍隊の共同宿営地を挟んで政府軍と反政府軍が銃撃戦を行い、共同宿営地内にロケット弾が撃ち込まれるなど現実に戦闘が起こっていました。このように複数の勢力が対立した状態において、自衛隊が、いずれかの勢力に向けて攻撃を行うことは、必然的にその勢力を敵に回すことになります。その時に敵とみなされるのは、自衛隊員個人ではなく、自衛隊及びその属する日本国に他なりません。

このように特定の勢力にとって日本が敵とされることにより、日本国領土内だけでなく、日本国外に住む日本人も敵とみなされることになり、テロの攻撃対象や誘拐の対象になり得ることになります。

その上、万が一でも自衛隊員が海外の紛争地域で殺されるという戦後初の事態が起こった場合、日本国内では、ナショナリズムの高揚、敵愾心の拡大などにより、日本社会が戦時国家へと変容していくことになるでしょう。これは確実に日本国内に住む原告らの平穏に生活する権利を侵害します。特に戦争体験者や日本で生活するマイノリティの方々には大変な恐怖となるに違いありません。

(3) では、日本がアメリカの戦争に巻き込まれることはないという考えはどうでしょうか。

七判決は、共通して、「米国による戦争が起きるかどうかもわからないし、仮に米国による戦争が起きたとしても日本が集団的自衛権を行使しない限り、日本が武力行使又はテロ攻撃の対象となることはない、そしてそれらはいずれも予測にすぎない」という考えを前提にして、原告らの生命、身体の安全が侵害される具体的危険が生じたものとは評価できないとしています。

果たしてそうでしょうか。新安保法制法制定以前でさえ、イラクに派遣された自衛隊は、多くのイラク国民から米軍を応援している国は敵だとして認識されていました。だからこそ自衛隊は米軍と一体化しているとみられることを避けるべく行動をしていたのです。それでも攻撃対象とされていたのですから、新安保法制法の制定により、米軍のために戦争に参加、協力する集団的自衛権が行使された場合には、戦争やテロのおそれが、以前とは比べ物にならないほど飛躍的に高まることは明らかです。

また、新安保法制法の制定により、今後これまでのようなアメリカの戦争に参加、協力を求められた場合に、憲法九条の解釈を根拠に集団的自衛権の行使は許されないとしてこれを断ることはできなくなりました。新安保法制法制定後、日本は米国が行う戦争に参加・協力しないという選択を事実上とることができなくなったのです。

新安保法制法は、集団的自衛権の行使を容認することによって、米国が戦争を始めたら、日本がいつ参戦を求められるかもわからないし、その場合には参戦を拒否できないという状態をもたらしました。米国の戦争はすなわち日本の戦争、という構造を創り出してしまったのが新安保法制法なのです。

この新安保法制法の下で、現実に米国が戦争を始めた段階ではもはや日本は米国の軍事支援要請を拒否できません。日本は、米国の要請でかつて行ったようなインド洋での給油や、サマワでの民生援助、さらにはバグダッドへの兵員空輸に止まらない直接的、軍事的関与を確実に求められることになり、それを拒否する術を自ら放棄してしまったのです。

二〇〇一年一〇月に始まったアフガニスタン戦争、二〇〇三年三月に始まったイラク戦争、同年、ブッシュ政権下でリベリア派兵、二〇〇七年一月にソマリア南部を空爆、二〇一一年民主化支援を名目にリビアへ巡航ミサイル攻撃、二〇一四年八月には対ＩＳＩＬ戦争をイラク国内で開始、二〇一九年からイランとの間では紛争が続き、二〇二〇年一月には米軍がバグダッドでイスラム革命防衛隊ソレイマニ司令官をドローンで攻撃して殺害しています。このように、二〇〇〇年代以降、米国は世界のどこかで常に戦争を行っている状態であり、米国による戦争は不確実な予測というようなものではなく、現実なのです。

この点、前橋訴訟では、半田滋氏から「新安保法制法が存在する限り、我が国がアメリカ軍の戦争を支援し、場合によってはアメリカ軍の武力行使に参加できること、自衛隊の装備が攻撃的体系に移行していることからすると、我が国がアメリカの戦争に巻き込まれる可能性が高い」という警告ともとれる証言がなされています。しかし、判決では、この証言について「アメリカによる他国又は国家に準じる組織に対する武力攻撃により戦争が生ずること、その戦争に関し、日本が集団的自衛権の行使としての防衛出動を行うことを二重に予測」したものであるとして、「新安保法制法の成立により戦争が起こるかについては今後アメリカが再び戦争をするかどうかにかかって」いると判示しました。そのため、この証言も「現時点では不確実であるとの認識を示して」いるものにすぎないとして、結局「我が国が戦争とテロ行為に直面する危険性が現実化しているとまでは認められ」ないとしています。

七つの判決は、アメリカの戦争も予測の不確定な事象にすぎないという前提の上で、原告らの危険性は生じていないとしていますが、この判断はまったく現実の世界情勢、軍事情勢を理解できていないことが明らかです。それにも関わらず、軍事情勢の専門家の証言すら尊重しようともしませんでした。そもそも戦争の予測など困難です。七つの判決は、共通して「集団的自衛権の行使等の対象となるべき特定の事象（米国による戦争等）が現実に発生した段階で、初めて我が国を攻撃対象とする戦争やテロ攻撃のおそれが切迫したか否かを検討し得る」としますが、戦争の開始が予測可能であるという前提でなければ成り立ちません。しかし、歴史を顧みれば、戦争の開始が予測可能であるなどとは到底いうことはできないこともまた明らかです。

こうした判示に見られるように、軍事防衛問題の専門家でない裁判所が、専門家の意見に謙虚に耳を傾けることもなく、勝手な思い込みによって原告らの主張を否定しています。裁判官は法律の専門家であったとしても、軍事防衛問題については一般市民と同じく専門的な知見を持っていない以上、謙虚に専門家の意見を聴くべきです。この点、裁判官として、権力を行使する者としての自覚と謙虚さが何ら認められないと言わざるをえません。

4　平和に関する無理解

平和に関する理解については、旧態依然とした紋切り型の判断しかなされないまま、平和的生存権の具体的権利性を否定する点で共通しています。

札幌判決では、「平和とは理念ないし、目的としての抽象的概念であって、その具体的に意味するところは、各人の思想や信条、世界観等の主観によって異なるものであり、これを達成ないし確保する手段も、他者との関係を含めて達成し得るものであって、その当時の国際情勢によっても左右されるところが大きい」と判示して、平和的生存権を法律上保護された具体的権利ないし利益とはいえないとしました。

東京国賠判決、大阪判決、東京差止判決、高知判決、前橋判決においても、平和とは抽象的概念であり、多様な捉え方が可能なものであること。またそれを確保・実現する手段、方法は、多岐多様にわたり、特定することができないことを理由として、平和的生存権が具体的な権利又は法的利益として保障されているということはできないとしています。

沖縄判決においては、「原告らの主張する平和のうちに平穏に生きる権利について、個人の人格や尊厳にかかわる具体的な権利又は法的利益であると解する余地があるとしても」と判示して平和的生存権の権利性を肯定する可能性を示唆していますが、結局は、法的保護利益としては否定しています。どの判決も、最高裁平成元年六月二〇日百里基地訴訟判決のコピペ（引き写し）であり、どの裁判官も自分の頭で考えていないことが明白です。平和という、本件訴訟で最も重要な概念について何も考えていない裁判所の態度に愕然とせざるをえません

たとえ「平和」が抽象的概念であり、平和の到達点及び達成する手段・方法が多岐多様であるとしても、そもそも憲法上の概念は、「自由」や「平等」を挙げるまでもなく、およそ抽象的なものであって、解釈によってそれが充填されていくものであることが理解されていません。そして何より、平和に対する市民の意識や平和学・憲法学の近時の研究成果をまったく考慮しようとしません。今この時代において、平和がどのような意味を持つのかについて驚くほど無関心であり、何一つ具体的に考えようとしていないようです。この裁判に向き合う裁判官の姿勢と知的謙虚さの水準が残念なほどによく現れています。

5　憲法判断回避の不当性

全国で提訴されているこの安保法制違憲訴訟は、原告らの具体的な被害の救済とともに、政権による決して許されることのない憲法違反を問う訴訟です。これだけ重大な憲法違反を原告らが主張しているにもかかわらず、七判決は新安保法制法の違憲性について、これが争点であることを認めながら憲法判断を行いませんでした。これは極めて不当であり、この安保法制違憲訴訟を些細な事件に矮小化し、政

治部門との関係で波風を立てたくないと考える裁判所の姑息な意図が見て取れます。

(1) 付随的違憲審査制を根拠に憲法判断しなかった不当性

札幌判決、東京国賠判決、高知判決、沖縄判決、前橋判決は、付随的違憲審査制を根拠に憲法判断を回避しています。しかし、付随的違憲審査制は、事件性の要件を満たしていることを前提に、法律上の紛争を解決するにあたりその前提問題として、その事件に適用される法律等の合憲性を審査する制度です。事件性の要件を満たしていれば、違憲審査を行うことは可能であり、憲法判断を避けなければならない論理的必然性はありません。事件性を満たしている本事件において当事者間において憲法問題が重要な争点になっているにもかかわらず憲法判断をしないのであれば、憲法判断を避ける理由を述べるべきです。何の理由もなく憲法判断を避けることは許されません。

札幌判決は、「我が国における違憲立法審査権の行使は、具体的な事件の解決に必要な場合にその限度で行われるものである（最高裁判所昭和二七年一〇月八日大法廷判決）から、具体的事件の結論を導くのに必要な場合を超えて憲法判断を行う必要はなく、また相当ではないと解すべきである。」と判示して、本事件においては原告らの権利又は法律上保護される利益が侵害されたとは認められないから、憲法適合性についての判断を加える必要はないとしました。沖縄判決でも同様に「新安保法制が違憲であるとした場合に初めて原告らの権利ないし法的利益が侵害されるという関係になければ、本件訴訟の解決のために違憲立法審査権を行使することが必要であるとはいえない」としています。

しかし、引用されている昭和二七年大法廷判決は、「我が裁判所は具体的な争訟事件が提起されないのに将来を予想して憲法及びその他の法律命令等の解釈に対し存在する疑義論争に関し抽象的な判断を下すごとき権限を行い得るものではない。」としていわゆる抽象的違憲審査を否定しただけであり、「違憲立法審査権の行使は、具体的な事件の解決に必要な場合にその限度で行われるもの」とは一言もいっていません。仮に事件の解決に不可欠でなくても、必要に応じて憲法判断に踏み込むのが今日の最高裁判例です。

そもそも、付随的違憲審査制であるからといって論理必然に憲法判断以前に原告らの権利ないし法的利益が侵害されたか否かを先に検討しなければならない理由はありません。裁判所に与えられた違憲立法審査権には、当事者の権利の保障という役割とは別に、憲法秩序の維持という憲法保障機能がありま す。違憲状態の国家行為が放置されることによって憲法秩序が破壊されることを防ぐために、裁判所は憲法の擁護者として積極的に違憲判断を下さなければならない場合があるのです。

(2) 何の理由も述べずに憲法判断を避けた不当性

大阪判決、東京差止判決は、何の理由も説明せずに一切憲法には触れませんでした。このような態度は、憲法保障の担い手たる裁判所の重要な職責を自ら放棄するものであり、到底許されることではありません。

一見極めて明白に違憲の閣議決定と立法行為を裁判所が見て見ぬふりをして看過することは、三権分立の下で裁判所によって政治部門の憲法違反を司法的に統制しようとした憲法の統治構造を根本から崩してしまうことになります。安全保障政策における憲法の則を越えた判断の誤りは、国民の生命・健康・財産に甚大な損害を与え、取り返しのつかない結果を招来しかねません。また、自衛隊が米国の戦争に巻き込まれる事態は、明日にでも起こりうるものであり、緊急性も認められます。二大政党制の体制すらいまだに整わないわが国で、政権交代等による矯正を期待して、裁判所が自己抑制的な態度を示すことは、座して死を待つようなことにもなりかねないのです。司法府と政治部門の役割分担の観点からも裁判所の適切な憲法判断が求められる局面なのです。

このように新安保法制法及びその後の実施が明白に違憲であるとの判断に裁判所が立ち入ることは回避されるべきではなく、積極的な違憲判断がなされるべきです。この点における裁判所の職責を放棄することは、裁判官の憲法尊重擁護義務（憲法九九条）の観点からも決して許されることではありません。

(3) 必要な場合には憲法判断を行うべきこと

平成二七年再婚禁止期間違憲判決（平成二七年一二月一六日）における最高裁の憲法判断の仕方には興味深いものがあります。この事件の第一審判決（岡山地裁平成二四年一〇月一八日民集六九巻八号二五七五頁）では、必ずしも明快な憲法適合性を判断しないまま、「本件立法不作為について、国民に憲法上保障されている権利を違法に侵害するものであることが明白な場合などに当たるということはできないから、本件立法不作為は、国家賠償法一条一項の適用上、違法の評価を受けるものではないというべきである。」として原告の請求を棄却しました。これに対し、最高裁は、まず、民法七三三条一項の規定の憲法適合性を判断した上で、当該立法不作為の国家賠償上の違法性の有無についての判断枠組みを提示した上で請求を棄却しています。ここでは、原告の請求を否定するために必要とはいえない法規の違憲判断をあえて先行させて判断しているのです。

この点につき、上記再婚禁止期間違憲判決における最高裁調査官解説（加本牧子調査官）が以下の通り興味深い解説を行っています。最高裁調査官は一般的に裁判官のエリートコースといわれ、その判例解説は権威のあるものとして受けとめられています。

「本判決が、国家賠償請求については棄却すべきものとしつつ、あえて本件規定の憲法適合性について判断をしたことについては、国家賠償責任が否定される場合に前提問題として憲法判断を行うか回避するかについて、論理的には、憲法適合性に関する判断が違法性の有無の判断に先行すると考えられるところ、合憲又は違憲の判断を明示的に示す必要性が当該憲法問題の重要性・社会的影響等を考慮した個々の事案ごとの裁判所の裁量に委ねられているという立場に立ったものと解されよう。特に、憲法判断を責務とする最高裁の判決においては、憲法適合性につき各裁判官に多様な意見があり得る事件等について、仮に多数意見としては違憲であることが明白でないことを理由に国家賠償請求を棄却すべきものとする場合であっても、多数意見や個別意見において憲法判断についての意見を明示的に示すために上記の必要性が認められることがあるものと考えられる。」。

すなわち、合憲または違憲の判断を明示的に示す必要性が、当該憲法問題の重要性・社会的影響等を考慮した上で認められる場合には、裁判所は憲法判断を示すべきであると指摘しているのです。

もちろん、下級裁判所の裁判官は、国民審査（憲法七九条二項）の対象とはされておらず、各裁判官の憲法判断に関する意見を国民に知らせる必要はありません。ですが、個人の意見を開示する必要はなくとも、裁判所としての憲法判断を明確に示す必要性が極めて高い事件はあります。政治部門によって違憲の既成事実が積み重ねられようとしているときに、裁判所がそのような重大な違憲状態に対して口をつぐんでしまったのでは、これを是正する道が失われてしまうので、裁判所として明確な違憲判断をするべき場合があるのです。

たとえ下級審裁判所であっても、公権的解釈権を持つ国家機関である裁判所が政治部門とは異なる憲法判断を示すことは、権力分立の観点から極めて重要な意味を持ちます。政治部門による合憲という公権的判断しか存在しないところに、裁判所の違憲判断が出ることによって、政治部門に対する重要な抑止力となるからです。

そして、こうして裁判所が明白に違憲な法律についてはっきりとした違憲判断を下すことは、けっして民主政に反することにはなりません。裁判所が違憲判決を出すことに消極的であるべきだとする理由として、裁判官は民主的に選出されていないのだから、民主的な背景を持つ国会議員が行った立法に違憲判断を下すことには謙抑的であるべきだと主張されることがあります。

しかし、この考えをこの安保法制違憲訴訟に当てはめることは誤っています。この訴訟は、内閣がこれまでの憲法解釈を突然変更し、多くの国民・市民や有識者から違憲と指摘されていたにもかかわらず、強行採決によって成立してしまった新安保法制法の違憲判断を求めたものです。本来は憲法改正手続を経て、集団的自衛権行使を容認するような憲法に変更してから、制定するべき法律だったのです。このような法律に対して裁判所が違憲判断をすることは、これを国会に突き返してこの法律の廃止を求めることを意味します。

ただ、新安保法制法は裁判所の違憲判決が出たからといって、当然に法律が廃止されるわけではありません。裁判所の違憲判決を受けて、国会としてこの法律を廃止するか、それともどうしても集団的自衛権行使を認めるべきだと考えるのであれば、国会は憲法改正の国民投票による主権者の判断に委ねればよいのです。つまり、最終判断を国民に問うかどうかを国会に選択させることが裁判所の違憲判断の意味なのです。裁判所としては違憲の法律であれば、しっかりと違憲と判断して、まずは国会による再度の十分な議論に委ねるべきです。

特に集団的自衛権行使を認めるか否かは、一部の国会議員の判断で決めてしまってよい問題などではなく、主権者国民の判断に委ねるべき問題です。国会議員の多数派による強行採決の結果を尊重して裁判所が違憲判断を避けるよりも、主権者国民の直接の意思を問う国民投票にかけるかどうかを迫る違憲判決の方が、よほど民主的なのです。

通常は国会の判断を尊重することが裁判所の民主的な態度であると考えられてきましたが、今回の新安保法制法のように国民の意思と国会議員の多数派の意思が異なるときには、憲法改正手続によってしっかりと主権者国民の意思を問うことを求める方が民主主義の要請にかないます。よって、裁判所が民主的配慮から違憲判決を避ける必要はまったくありません。裁判所が違憲判断を躊躇することは、けっして民主政を尊重することにはならないのです。むしろその態度こそが非民主的な対応と批判されることになります。

(4) 明確な違憲判断を下すことが裁判所の職責であること

裁判官の中には、安全保障政策は高度の専門性を有し政治的問題であるがゆえに、裁判所が明確な判断を下すことになじまないと考える方もいるかもしれません。確かに安全保障に関する問題は、裁判官にとってもその当否の判断が困難な部類の一つです。

しかし他方で、安全保障政策における判断の誤りは国民の生命、財産に甚大な損害を与え、取り返しのつかない結果を招来することになります。だからこそ、憲法は、こうした国家の安全保障政策に対して、憲法九条、前文の平和的生存権などの規定によって、多数派による政治的決定に歯止めをかけ、制限を加えたのです。言うまでもないことですが、この国の安全保障政策もそれがどれだけ政治家、官僚が正しいことだと確信したものであっても、また仮に多数の国民の支持を得たものであったとしても、憲法の枠の中で実現しなければなりません。これは立憲主義国家の最低限のルールなのです。

安全保障政策に関する国民の意思は多様です。ですが、具体的な安全保障政策の実現や外交交渉の内容などは政治部門の判断に委ねられているとしても、内閣、国会が最低限遵守しなければならない大きな枠組みは憲法によって規定されているのですから、これを無視することはできません。本件訴訟において原告らは、そうした国会、内閣が最低限遵守しなければならない基本的な憲法の枠組みを逸脱している点だけを問題としています。具体的な安全保障政策の当不当の判断ではなく、こうした大きな枠組みを逸脱した立法か否かの判断はあくまでも法律問題なのですから、その判断は裁判所において可能であり、その判断をすることこそが司法の役割なのです。

それにもかかわらず、この問題を政治の場で解決するべき問題であるとして、憲法判断を避けることは許されることではありません。ここで司法が、政治部門の行為が憲法の枠組みを逸脱しているか否かの判断をすることすら放棄してしまったのでは、司法権は単に政治部門に追随するだけの権力に成り下がり、権力分立が機能しなくなってしまいます。これでは、憲法が裁判所に違憲審査権を付与した意味がまったく失われてしまうことになるでしょう。

日本国憲法は戦前の大日本帝国憲法と異なり、司法権の独立を保障した上で裁判所に違憲審査権を付与して、徹底した法の支配を採用しました。安全保障政策に関する事柄であるというだけで、裁判所が違憲審査権を行使しないのであれば、それは戦前の裁判所と同じく単なる行政機関の下請けの地位に甘んじることになってしまいます。憲法は、政治部門の暴走に歯止めをかけ、権力分立によって憲法秩序を維持するために、裁判所に違憲審査権を付与しました。これが法の支配を徹底させるために裁判所に違憲審査権を付与した意味なのです。

裁判所は政治部門の判断を追認するために存在するのでは決してありません。主権者国民が政治部門に委ねた憲法の枠組みに沿った国家運営がなされているのか否かを厳格に監視するためにその存在が認められているのです。裁判所が、新安保法制法の違憲性について、謙抑性を理由に判断を避け、自らその存在意義を否定するようなことがあってはなりません。

裁判所としては、新安保法制法の違憲性について、原告の主張を受け止め、十分な審理を尽くして、憲法が裁判所に課した職責を全うするべきです。そしてこれは憲法制定権者たる国民が裁判所に託した役割なのであり、裁判官にはこれに応じる憲法尊重擁護義務（九九条）があるのです。

憲法適合性が極めて重要な争点として問われているにも関わらず、これについて何らの応答もしない原判決はまさに裁判所に与えられた職責を全うしておらず、七判決はこの点において、どれも許されないものといわなければなりません。

6　最後に

日本の裁判所は、果たして「絶望の裁判所」なのでしょうか、それとも「希望の裁判所」なのでしょうか。難しい問題ですが、結局は裁判官がどれほど本気で平和というものを理解しようとしているのか、その尊さと脆さを実感し、それを守り維持していくことの困難さを認識しているのかの違いなのだと思います。そしてそのために与えられた権力を正しく行使し、役割を果たそうとするかの気概の問題なのでしょう。

沖縄関連訴訟、原発関連訴訟、一人一票訴訟などにおけるいくつもの不当判決を例にあげるまでもなく、現在の裁判所は明らかに昔とは変わってしまいました。政治部門への配慮が過ぎる上、司法権の独立を疑わせるような判断が躊躇なく出されています。あたかも「憲法の番人」としての司法の役割を放擲し「政権の番人」に堕してしまったかのようです。

しかし、他方では現在でも憲法価値を護ることを自覚し、立憲主義、平和主義、民主主義、そして国民・市民のために心のこもった判断をする裁判官がいることも確かです。今や希少な存在となってしまった市民目線で憲法価値を実現する裁判官を決して消滅させないことは、市民、そして弁護士の使命ではないでしょうか。

どんな理不尽な判決であっても、それに対して理路整然と反論し、主張するべきは最後まで正論を主張し続ける。そして、最後まで絶対に諦めない。同じ憲法を学んだ法律家の仲間として、すべての裁判官に憲法を訴え続けていきたいと思います。

本章では七つの判決の不当性を検討しましたが、一方で、全国では真摯にこの事件に向き合おうとする裁判所の姿勢も伺われます。

全国で展開されている訴訟のうち、前橋地裁、横浜地裁、長崎地裁、釧路地裁、さいたま地裁、長野地裁、女の会による東京地裁の裁判では証人尋問が実現しています。前橋地裁、横浜地裁、長野地裁で安倍第一次政権当時の内閣法制局長官だった宮﨑礼壹氏は「法の番人」だった立場から「安保法制は一見明白に憲法違反である」との重要な証言をしました。同じく前橋地裁、横浜地裁、さいたま地裁、長野地裁のほか釧路地裁の尋問で半田滋氏は紛争地での取材や自衛隊に関する深い知見から新安保法制法の具体的な危険性について詳しく証言しています。前橋地裁、釧路地裁では憲法学者の志田陽子氏が新安保法制法による人格権の侵害について個別の原告に即した指摘を行い、横浜地裁では青井未帆学習院大学教授による裁判所が果たすべき役割について国際的な潮流も踏まえた貴重な証言が得られました。また、横浜地裁における今井高樹氏の南スーダンでのＮＰＯ活動を踏まえての証言、及び女の会の裁判での清末愛砂氏によるアフガニスタンなどの紛争地での活動経験と憲法学者としての証言により、新安保法制法に関して鋭い指摘がなされています。長崎地裁では医師としてその生涯を原爆被爆者の医療に捧げてこられた朝長万左男長崎大学名誉教授の証人尋問が行われました。

今後、札幌高裁では半田滋氏のほか濱田邦夫元最高裁判事、宮崎地裁では、半田滋氏、今井高樹氏のほか、名古屋学院大学教授の飯島滋明氏の証人尋問が認められています。広島、大分、名古屋、京都などの各地裁でも証人採用の可能性が出てきており、その他の地域でも、さらなる努力が続けられています。これらの証人はいずれも原告らの被害や新安保法制法の違憲性を真正面から主張・立証するものです。

こうした証人の証言に謙虚に耳を傾け、「すべて裁判官は、その良心に従ひ独立してその職権を行ひ、この憲法及び法律にのみ拘束される。」（憲法七六条三項）という憲法の規定どおりの役割を裁判所が果たすことを期待しています。

前橋地裁においては、このように充実した証人尋問が実現したにもかかわらず、判決はそれまでの他の裁判所の判決の繰り返しに終始し説得力ある内容とは到底いえないようなものでした。何のための証人尋問だったのか意味不明で不可思議な判決であり、きわめて残念でした。

大谷直人最高裁長官が二〇二〇年一月の新任判事補への辞令交付式において、「当事者双方の主張が真っ向から対立する事件では「どのような判決を書いても『不当だ』との非難は免れない」とした上で、「なぜ敗訴した側の主張を採用できないか、判決の中できちんと整理して示すことが必要だと説いた」と報道されました（共同通信二〇二〇年一月一六日）。この訴訟においても、なぜ原告らの主張を採用できないのかを理由と共にきちんと判決の中で示すべきでした。その姿勢が司法への国民の信頼をつなぎ止める唯一の方法ではないでしょうか。

裁判官の権力行使の正統性の根拠は、国民・市民からの信頼にあります。今回検討した七判決において、裁判所は新安保法制法の合憲判断はなされませんでした。国民からの信頼を一気に失ってしまうことを怖れたのでしょう。その点では違憲の事実の積み重ねを放置せず、一連の訴訟を提起し支援してきた国民・市民の行動は一定の成果を上げているといえます。ですが、今後も心ある裁判官を支えていくことは、私たち国民・市民の責務です。まさにさらなる「不断の努力」（憲法一二条）が今、求められているのではないでしょうか。

第五　憲法第九条をめぐる戦後の平和訴訟の歩み

1　戦争において司法が果たした役割

日本国憲法の下での、憲法九条をめぐる平和訴訟について概観する前に、先の戦争で司法が果たした役割について、簡単に説明しておきます。

(1)　大日本帝国憲法の下での司法は、悪名高き治安維持法の「生みの親」でもあり「育ての親」でもあったことをまず指摘しておきたいと思います。

先の戦争の準備・遂行に果たした日本の司法の役割を語るうえでは、治安維持法の問題を忘れてはなりません。

治安維持法は、一九二五年に制定公布され、一九四五年一〇月に廃止されるまで、戦時中、共産主義者、社会主義者、自由主義者や文化人などに対する思想弾圧、人権抑圧のために用いられた名高い悪法です。治安維持法が一九二八年の緊急勅令によって大幅に強化されて以来、この法律によって検挙された者は六万人、起訴された者は六〇〇〇人に上ると言われています。

治安維持法が制定された当時、当局は、法案の定める犯罪はすべて目的犯であって、一定の明確な目的をもってなされる行為のみを処罰するものであるから、警察権の濫用は大幅に抑えられると説明していました。しかし、その後一九二八年、一九四一年に大幅な改定が加えられ、処罰対象の拡大と罰則の強化が行われ、思想犯取締りのための特別の刑事手続や犯罪を犯していなくても予め拘束できる予防拘禁制度が盛り込まれていきました。もともと取締対象とされた共産主義者だけではなく、社会民主主義者、自由主義者など政府に対して批判的な者や団体、さらには宗教者・宗教団体までもが弾圧されました。治安維持法により検挙された人々の裁判で弁護活動を行った弁護士らも弾圧の対象となり、中心となって弁護活動を行っていた布施辰治弁護士は弁護士資格を剥奪されました（日本労農弁護団事件）。やがて治安維持法の改定により、治安維持法の弁護には予め司法大臣が指名した者しか選任できないこととされました。

戦時中のこのような思想弾圧・人権抑圧の中で、当時の司法はどのような役割を果たしていたのでしょうか。この点について、刑法学者の内田博文氏は次のように指摘しています。

「裁判所が現に果たした役割というのは人権蹂躙のチェックではなく、拡大解釈の域をはるかに超えた当局の『拡大解釈』にお墨付きを与えるための論理、概念を考案し、提供するということでしかなかった」「法曹は担い手の面でみれば治安維持法の『生みの親』でもあり『育ての親』でもあった」

これは厳しく重い指摘ですが、新安保法制法が憲法を踏みにじって強行採決され、施行された今日、また新安保法制法と同様に、特定秘密保護法、共謀罪の創設を含む組織的犯罪処罰法（いわゆる「共謀罪法」）など、戦時中の治安維持法や軍機保護法等の悪法を彷彿させるような法律が強行採決され、施行された今日こそ、改めて深く問われるべき問題だと考えています。

私たちは膨大な数の犠牲者と荒廃した国土という大きな犠牲を払って、人権尊重、平和主義、国民主権を柱とする日本国憲法を手に入れました。しかし憲法や法律の文章は、法を実践し守る必死の努力が行われなければ、いとも簡単に空文化してしまいます。歴史がこのことを証明しているのです。

(2) 平和の問題に、司法はどう向き合うべきか。

大日本帝国憲法のもとでは、司法権は、「天皇ノ名ニ於テ法律ニ依リ裁判所之ヲ行フ」（大日本帝国憲法第五七条一項）と定められ、裁判所は組織としても司法大臣の監督下にありました。一方、日本国憲法は、司法府（裁判所）を立法府（国会）、行政府（内閣）と並ぶ対等のものとし、さらに司法府に法律等が憲法に適合するか否かを審査する違憲立法審査権を与えて、人権保障、憲法保障の砦としての役割を持たせました。

日本国憲法第七六条、第七八条は司法の独立と裁判官の身分保障を定めていますが、今日、大きな岐路に立たされています。一つは最高裁判所裁判官や幹部検察官の人事への政治介入の問題であり、もう一つは、裁判所自らが政治権力を怖れ、権力に忖度する判断を下しているのではないか、という問題です。

このような司法の独立の危機は、決して今に始まったものではありません。司法権が立法権、行政権と一定の緊張関係を持つことは、実は日本国憲法の仕組み上予定されている制度でした。

戦後の歴史をかえりみると、その緊張関係が露呈するのは、憲法が掲げる日本の平和主義に危機が訪れた時でした。日本が再び戦争に向かうためには、憲法第九条によって作られた戦争に対する防火壁を打ち壊す必要があり、その憲法を守る最後の砦が司法であったからです。新安保法制法によって、憲法第九条の内容が換骨奪胎されてしまった今日、戦争への道に対する最後の壁が司法なのです。だからこそ、最高裁裁判官などの人事への介入が露骨に始まっているのです。

一九六九年、後述する長沼ナイキ訴訟の審理に関して、平賀健太札幌地方裁判所所長（当時）が、担当であった福島重雄裁判長（当時）に対し書簡を送り、その中で自衛隊は違憲だとする町民らの申立てを却下すべきであることを強く示唆したことが明るみとなり、裁判官の独立を侵害する行為であると大きな問題となりました（平賀書簡事件）。またそれとほぼ同時期に、青年法律家協会（青法協）所属の裁判官が公安調査庁による言動調査の対象とされたり、青法協と関係があるとみなされた裁判官に脱退勧告や再任拒否が行われたり、一部の司法修習生が裁判官への任官を拒否されるなどの問題が起こっています（青法協事件）。

このように司法の独立、裁判官の身分保障と思想良心の自由が大きく揺れ動いていた一九七一年一〇月、日本の民法学の碩学である我妻栄氏は、裁判官懇話会に招かれて、裁判官の独立と身分保障についての講演を行いました。我妻氏はその質疑の中で、次のように述べています。

「…戦後にできた憲法と言うものは、すばらしく社会的に進んでいる。あらゆるものにストライキ権を認めたり、労働三権を認めたり、教育権を認めたり、憲法二五条の福祉国家であることというのは、あれは非常に進んだものである。ところが、日本の政府はどうかというと、その施策は朝鮮事変を境としてだんだん逆行してきた。それは警察に関する立法でも教育に関する立法でも、退歩また退歩である。

憲法と政治の関係は逆である。憲法の方が進んでいて、政治・行政の方がずっとおくれている。だから、そのときに違憲立法審査をする機関として、裁判所は相当悩むこともあるだろうと思う。そこで、あなたの言われる意見のように、政治に密着することがかえって国のためじゃないかという疑問が起きてくるわけだろうと思う。憲法は世間知らずで、あまりにも理想を宣言している。しかし、世の中はそうはいかん。そこで、政治はそれを少しずつモディファイしてるんだ。したがって、裁判官もそれを是認してやるほうが国のためになるんじゃないかという考え方が起きてくる余地があるだろうと思う。だがしかし、それじゃせっかくの憲法を政府のやり方でゆがめてしまって、憲法をないがしろにすることになってしまう。そのあたりの調整こそは、われわれ学徒の当面している根本的な問題であることは確かである。」

我妻氏は、憲法の掲げる理想と政治の現実が著しく食い違うときに、裁判所は政治に迎合してはいけないのかとの問いに対し、裁判所がそのような姿勢を取ることは憲法を政治の力で歪めてないがしろにすることになると述べて、安易な迎合を戒め、法律実務家や法学者による調整の努力を求めているのです。

我妻氏の講演からおよそ半世紀が経ちましたが、その言葉の重みは増すばかりです。我妻氏が述べた各種の立法の「退歩また退歩」、そして「せっかくの憲法を政府のやり方でゆがめてしまって、憲法をないがしろにすることになってしまう」とは、まさに新安保法制法が立憲主義を否定するやり方で制定されて以降の、「法の支配」を突き崩す今日の政治と司法をめぐる状況を予言していたかのようです。

基本的人権のもっとも根本的な部分は、憲法第一三条が定める「生命、自由及び幸福追求権」であり、

「個人の尊重」ですが、平和が守られなければどんな人権保障もあり得なくなってしまいます。この基本的人権の保障と真っ向から対立するのが戦争です。したがって、人権保障の砦であるべき司法は、平和の問題を避けたり、政治に迎合したりすることなく、真正面から平和の問題を受け止めて、真剣に考えなければならないのです。そして日本国憲法は、平和主義を掲げると同時に司法に違憲立法審査権を与えているのですから、司法府が人権保障の砦として平和の危機にしっかりと対峙することを、本来は求めているはずなのです。

2　戦後の平和訴訟を概観する

日本国憲法下で裁判所がどのようにして憲法第九条と向き合ってきたのか、戦後の平和訴訟、とりわけ憲法第九条を焦点とした訴訟事件の全面的総括については安保法制違憲訴訟の判決が出揃った段階で改めて行わなければならないと考えていますが、ここでは参考までに⑴砂川事件　⑵恵庭事件　⑶長沼ナイキ事件　⑷小西反戦自衛官事件　⑸百里基地事件　⑹イラク自衛隊派兵違憲訴訟の各事件についてその系譜を概観したいと思います。

⑴　砂川事件

・事件の概要

東京都北多摩郡旧砂川町（現在の東京都立川市）付近にあった立川米軍飛行場に、核兵器も搭載可能な爆撃機の離着陸も可能な滑走路の拡張計画が持ち上がり、土地を奪われる農民をはじめとする反対運動が展開されました。一九五七年七月八日、東京調達局が強制測量をした際、反対運動をしていた人々の一部が、米軍基地内に数メートル立ち入ったとして、七名が旧日米安保条約に基づく行政協定に伴う刑事特別法（正当な理由なく立ち入りが禁じられた駐留米軍施設に立ち入る行為を処罰する規定）違反の罪を問われて起訴されました。

・裁判の経緯

第一審（伊達秋雄裁判長）の東京地方裁判所は、一九五九年三月三〇日、次のように述べて全員無罪の判断を下しました。

判決は、まず憲法前文と九条の趣旨について、「単に消極的に諸外国に対して、従来のわが国の軍国主義的、侵略主義的な政策についての反省の実を示さんとするに止まらず、正義と秩序を基調とする世界永遠の平和を実現するための先駆たらんとする高遠な理想と悲壮な決意を示すものといわなければならない」と述べました。その上で、日本政府が米軍の駐留を許容したのは「指揮権の有無、出動義務の有無に関わらず、日本国憲法第九条二項前段によって禁止される戦力の保持」にあたり違憲である、したがって刑事特別法の罰則は日本国憲法第三一条（適正手続の保障）に違反する不合理なものであって違憲無効であるとし、被告人全員を無罪としました。この判決は「伊達判決」とも呼ばれて大きな注目を集めました。

これに対して国・検察側は控訴を省略して直ちに最高裁判所に跳躍上告を申し立てました。後述する通り翌年に控えた安保条約改定作業への影響を恐れたためといわれています。

最高裁判所大法廷（田中耕太郎裁判長）は、一九五九年一二月一六日、全員一致で、駐留米軍はわが国の保持する戦力にはあたらないとし、日米安保条約は高度の政治性を有するものであって、違憲かどうかの判断は司法裁判所の審査にはなじまないもので、一見きわめて明白に違憲無効であると認められない限り、裁判所の司法審査権の範囲外のものであるとして、一審判決を破棄し東京地方裁判所に差し戻しました。

この、高度に政治性を有する行為は、一見きわめて明白に違憲、違法といえない限り、司法審査の対象外とする論理は「統治行為論」といわれていますが、これについては後で詳述します。

差し戻しを受けた東京地方裁判所（岸盛一裁判長）は一九六一年三月二七日、罰金二、〇〇〇円の有罪判決を下し、被告人らの上告が棄却されて有罪判決が確定しました。

・砂川事件最高裁判決の問題点

最高裁判所の砂川事件跳躍上告審判決については、後に米国の公文書などによって驚くべき事実が判明しています。

東京地方裁判所の「米軍駐留は憲法違反」との判決を受けて、当時の駐日大使ダグラス・マッカーサー二世が伊達判決の破棄を目論み、藤山愛一郎外務大臣に最高裁への跳躍上告を促す外交圧力をかけたり、田中最高裁長官と密談するなどの政治介入をしていたのです。跳躍上告を促したのは、通常の控訴では訴訟が長引き、一九六〇年に予定されていた日米安保条約改定に支障が生じることを恐れてのことでした。米国は、目前の安保条約改定を見据えて、一九五九年のうちに米軍駐留を合憲とする判決を出させるように暗躍したのです。

また、田中長官は、マッカーサー大使と面会した際に「伊達判決は全くの誤り」と一審判決破棄・差し戻しを示唆し、最高裁の審理日程や結論までも米国側に漏らしていたことが明らかになりました。その田中長官は砂川事件上告審判決で、「かりにそれ（駐留）が違憲であるとしても、とにかく駐留という事実が現に存在する以上は、その事実を尊重し、これに対し適当な保護の途を講ずることは、立法政策上十分是認できる」、あるいは「既定事実を尊重し法的安全性を保つのが法の建前である」という補足意見を述べています。これに対して憲法学者らは、「このような現実的政治追随的見解は論外」（古川純氏）「司法権の独立を揺るがすものである。ここまで対米追従がされていたかと唖然とする」（水島朝穂氏）などとコメントしています。

なお、この判決では「集団的自衛権」について何ら触れていないにも関わらず、政府自民党は「砂川事件の最高裁判決は集団的自衛権を除外していない」という事実とはまったく異なる認識を示して強引に新安保法制法の国会成立を図ったことは、本書の冒頭で指摘した通りです。

(2) 恵庭事件

・事件の概要

北海道千歳郡恵庭町（現在の恵庭市）の自衛隊演習場付近で酪農を経営していた兄弟二人は、自衛隊演習に伴う騒音により牛の早産流産や牛乳の生産量が落ちるなどの被害を受け、補償を求めましたが受け入れられず、「境界付近での射撃訓練を行う場合は事前連絡する」との約束を自衛隊と結んでいましたがこれも守られませんでした。そこで、兄弟は一九六二年一二月、抗議の意味で自衛隊演習本部と射撃陣地とを連絡する電話通信線を数カ所切断しました。警察はこれを器物損壊罪として扱いましたが、検察官はこれを自衛隊法第一二一条の「自衛隊の所有し、又は使用する武器、弾薬、航空機その他の防衛の用に供する物」を損壊した罪で起訴しました。これに対し被告人側は、自衛隊法と自衛隊は憲法第九条に違反して違憲であるとして無罪を主張しました。

・裁判の経緯

自衛隊の合憲性そのものが正面から争われる憲法裁判となったこの恵庭事件で、第一審の札幌地方裁判所（辻三雄裁判長）は一九六七年三月二九日に自衛隊が合憲か違憲かの憲法判断を回避して、切断された通信線は自衛隊法第一二一条の「その他の防衛の用に供する物」には該当しないとし、被告人両名は無罪であるとの判決を言渡しました。

判決理由では、通信線は自衛隊法第一二一条の「その他の防衛の用に供する物」に該当せず、また刑法の器物損壊罪との関係については、防衛器物の損害（自衛隊法第一二一条）は器物損壊罪が有する財産犯的な性格よりも、自衛隊による国の防衛作用を妨害する犯罪類型としての性格に第一次的な意義があり、「財産犯たる比重は副次的なものに留まる」、本件では自衛隊法第一二一条違反としての訴因に焦点を絞っていた訴訟経過から、器物損壊罪にあたる余地の有無に言及するべきではないと無罪理由が説明されています。また、自衛隊の違憲性については被告人が無罪である以上、憲法判断を行う必要はなく、また行うべきでもないと判断を示しました。この判決に検察側は控訴せず、被告人も無罪判決には上訴できないため、判決は確定しています。

・恵庭事件札幌地裁判決の特徴

恵庭事件では、弁護団は当初から自衛隊の違憲性を主張して真っ向から争っており、審理の中では、自衛隊の実態についての詳細な証拠調べが行われていました。また判決言い渡しには一時間半かかることが事前に裁判所から通知されていました。このため、多くの人々は自衛隊を違憲とする判決が出されるのではないかと予測していました。ところが蓋を開けてみると判決言い渡しはわずか一五分で終わり、憲法問題には何も触れられませんでした。これを聞いて検察側は、無罪にも関わらず大喜びして肩を抱き合っていたといわれています。違憲判決を期待した市民からは、「肩すかし判決」とも評されました。

裁判所が自衛隊の違憲性に触れなかった理由について、最高裁まで争われるであろう憲法問題には触れない方が賢明であるとする、ある種の政治的な判断であったという見方もあります。弁護団に加わっていたある弁護士は「平和運動にとっての大きな勝利なので、そのうち違憲判決を勝ち取るチャンスで頑張ればよいと思った」と述懐しています。

(3) 長沼ナイキ事件

・事件の概要

防衛庁（当時）は、北海道夕張郡長沼町に航空自衛隊の「地対空ミサイル基地」を建設する計画を立て、建設予定地となった水源涵養保安林について、森林法に基づいて、保安林指定の解除を求めました。農林大臣はこの申請に応じて水源涵養保安林の指定を解除したところ、建設計画に強く反対した地元住民が、自衛隊は違憲であり基地建設には森林法の指定解除の要件である公益性がなく、保安林指定解除によって洪水の危険性が高まると主張して、指定解除処分の取り消しを求める行政訴訟を提起しました。

・裁判の経緯

一九七三年九月七日、札幌地方裁判所（福島重雄裁判長）は、わが国初の自衛隊違憲判決を下し、原告である住民側の請求を認めました（福島判決）。

判決は、まず住民の訴えの利益について、森林法を憲法秩序の中に位置づけてその制度目的を理解すべきであるとし、森林法の各規定は、「憲法の基本原理である民主主義、基本的人権尊重主義、平和主義の実現のために地域住民の『平和のうちに生存する権利』（憲法前文）すなわち平和的生存権を保護しようとしているものと解するのが正当である」。したがって「森林法上の処分によりその地域住民の右にいう平和的生存権が侵害され、また侵害される危険がある限り、その地域住民にはその処分の瑕疵を争う法律上の利益がある」。そしてミサイル基地については、「一朝有事の際にはまず相手国の攻撃の第一目標になるものと認められるから、原告らの平和的生存権は侵害される危険がある」「しかも、このような侵害は、いったんことが起きてからではその救済が無意味に帰するか、あるいは著しく困難になることもまたいうまでもない」として、原告らの「訴えの利益」を認めました。

そして、憲法判断の必要性について、裁判所が憲法問題以外の当事者の主張について判断することによってその訴訟を終局させたのでは、当該事件の紛争を根本的に解決できないと認められる場合には憲法適合性を判断する義務があるとして憲法判断の必要性を確認し、いわゆる統治行為論も退けました。

その上で、憲法九条の解釈と自衛隊の実態についての事実認定から、自衛隊は憲法九条二項が保持を禁じている戦力に当たるとして違憲とし、ミサイル基地の建設はこのような違憲な自衛隊のためのものである以上、森林法にいう「公益上の理由」を欠く違法なものである、と判断して、保安林解除処分を取り消したのです。

この福島判決は、自衛隊の違憲性と、憲法前文が掲げる「平和のうちに生存する権利」としての平和的生存権を明確に認めた、画期的な判決です。

これに対して控訴審の札幌高等裁判所は一九七六年八月五日、住民側が保安林指定解除によって受ける不利益は、防衛施設庁の代替施設建設（用水路補強工事等）によって代替補填されているとして住民の訴えの利益を否定し、一審判決を覆して原告の訴えを却下する判決を下しました。

また控訴審判決は、福島判決が認めた平和的生存権について、「裁判規範として、なんら現実的、個別的内容をもつものとして具体化されているものではない」とし、自衛隊の違憲性判断について、砂川事件最高裁判決と同様に、高度に政治性のある国家行為は一見極めて明白に違憲無効であると認められない限り、司法審査の対象にならないとするいわゆる統治行為論を付記しました。

上告審の最高裁判所（団藤重光裁判長）は、一九八二年九月九日、行政処分に関しては原告適格の観点から原告住民に訴えの利益はないとして上告を棄却しましたが、二審が言及した平和的生存権の権利性の点については、結論に影響がないとして取り上げず、統治行為論の当否についても言及しませんでした。

・長沼ナイキ事件各判決の特徴

一審の福島判決は、平和的生存権を正面から認めました。ところが控訴審判決は、平和的生存権の裁判規範性（具体的権利性）を否定しました。この控訴判決の言い回しは、今なお多くの裁判所が平和的生存権を否定する時に使われています。また、控訴審は、統治行為論を持ち出して自衛隊についての違憲判断を回避しました。統治行為論については後に改めて論じます。

なお、前記のように、長沼ナイキ事件審理の最中、当時の平賀札幌地方裁判所所長が、福島裁判官に対する私信の中であからさまな裁判干渉を行いました。平賀所長は札幌地裁裁判官会議によって厳重処分を受けるなどしてその後東京高等裁判所に異動しましたが、福島裁判官もその後私信を公表したことを問題視されて札幌高等裁判所から注意処分を受け、最高裁判所もこれを支持しました。この頃から最高裁判所等による裁判官統制が厳しくなり、裁判官の独立と身分保障は極めて危ういものとなったことは、すでに述べました。

⑷ 小西反戦自衛官事件

・事件の概要

一九七〇年の安保条約改定を控えた一九六九年一〇月、航空自衛隊佐渡分屯基地内の隊内掲示板などに「アンチ安保」と題して、「佐藤訪米阻止！ 安保フンサイ！ 沖縄解放！ 治安訓練出動拒否！」などと書いたビラが貼り出されるという事件が起きました。この行為が自衛隊法の禁じる怠業等のせん動にあたるとして小西三等空曹（当時）が起訴されたのがこの事件です。

弁護団は、自衛隊法と自衛隊法に基づく治安出動の違憲性を争い、表現の自由を主張して無罪を主張しました。弁護団は、公判で当時行われていた特別警備訓練が治安訓練にほかならないと主張し、その立証のために航空幕僚長に対し、特別警備訓練実施基準に関する通達の提出を求めました。裁判所もその通達の提出命令を出しましたが、航空幕僚長はその提出を拒否し、通達は公判に提出されないままに審理が終わりました。

・裁判の経緯

新潟地方裁判所は、一九七五年二月二二日、通達が提出されない限り特別警備訓練の実態は不明であり、被告人を有罪とすることができないとして無罪を言い渡しました。

控訴審の東京高等裁判所は、一九七七年一月三一日、通達が提出されないとしても起草者等の証言によって特別警備訓練の実態は解明できるとして、無罪判決を破棄し、一審に差し戻しました。

ところが差し戻し後の新潟地方裁判所は、一九八一年三月二七日、次のように述べて再び無罪判決を下しました。

差戻審判決は、自衛隊法にいう「怠業的行為」とは、隊員の団結体の意思に基づく集団的組織的行為であることを要するとし、「せん動」とは、「被せん動者がその呼びかけに応じて当該行為に出る現実的可能性があると認められる程度のもの」でなければならないが、「被告人の行為の程度では、隊員に対して集団的組織的に訓練を拒否すべき旨の合意を形成せしめるに足る勢いを有していたとはとうてい認めることができない」として、無罪とし、憲法判断にも及ぶ必要はない、としたのです。検察は控訴せず、無罪判決が確定しています。

(5) 百里基地事件

・事件の概要

一九五六年、防衛庁（当時）が茨城県小川町百里原に航空自衛隊基地の建設を計画したところ、地元農民を中心に反対運動が起きました。基地建設予定地内に農地を所有していたある住民が建設反対派にいったんその土地を売却しましたが、この契約を解除し同じ土地を防衛庁（国）に売却したので、用地を買収した国が最初に売買契約を結んだ反対派住民に対し、所有権移転登記などを求めて提訴しました。

この訴訟の中で、被告側（反対派住民）は、国と旧所有者との売買契約は、違憲な自衛隊基地建設のためのものであるので「公序良俗に反し」無効であるとして争ったため、自衛隊の合憲性が重要な論点として問われる訴訟となりました。

・裁判の経緯

一審の水戸地方裁判所は一九七七年二月一七日、国と旧所有者の請求を認める判決をしました。判決理由に、「我が国が外部から攻撃を受けた場合に自衛のために必要な限度で自衛権を行使し、そのための防衛措置を予め組織、整備することは憲法九条に違反しない」と述べられ、いわゆる統治行為論により、一見極めて明白に違憲無効であるとは認められない限りは司法審査の範囲には属しないとされ、「一九五八年当時の自衛隊が、戦力、すなわち侵略的戦争遂行能力を有する人的、物的組織体に該当することが一見明白とは認められない」とされ、裁判所は自衛隊の違憲性についての判断を避けました。

控訴審の東京高等裁判所は一九八一年七月七日、反対派住民側の控訴を棄却しました。控訴審判決は、憲法前文の「平和的生存権」に関し「戦争と戦争の脅威が存する限り、人間の自由はあり得ないということに思いを致せば、それを独立の権利と呼ぶかどうかは別としても、あらゆる基本的人権の根底に存する最も基礎的な条件であって憲法の基本原理である基本的人権尊重主義の徹底化をするためには、『平和的存在権』が現実の社会生活のうえに実現されなければならないことは明らかであろう」として一応の理解を示すかのような文言が盛り込まれました。

しかしその一方、「平和」の概念は抽象的であってその実現手段は多様であり、「政治の面において平和的理念の尊重が要請されることを意味するにとどまる」と突き放しました。そのうえ、本件の土地売買については「公序良俗に反しない」と判断しました。

上告審の最高裁判所は一九八九年六月二〇日、本件の土地売買行為は私人間の行為と同様、憲法が直接規律するものではないとして反対農民側の主張を退けました。その理由で「上告人（農民）らが平和主義ないし平和的生存権として主張する平和とは、理念ないし目的としての抽象的概念であって、それ自体が独立して、具体的訴訟において私法上の行為の効力の判断基準になるものとはいえ」ないと述べています。

・百里基地事件判決の特徴について

百里基地事件では一審から上告審まであまりにも国側に好意的な裁判所の姿勢が顕著となっています。訴訟の性格からいって本来は自衛隊基地建設の当否が真正面から議論されるべきでした。司法の責任を放棄し、「政治の面において平和的理念の尊重が要請される」とする控訴審判決などの文言は、その後平和的生存権の具体的権利性を否定するその後の違憲訴訟をめぐる多くの判決が踏襲しています。

(6) イラク自衛隊派兵違憲訴訟

・事件の概要

二〇〇三年、米国を中心とする有志連合はイラクへの武力侵攻（イラク戦争）を開始しました。米国は日本にも圧力をかけて地上部隊派遣を求め、小泉首相（当時）はイラク特別措置法を制定し、航空自衛隊、陸上自衛隊がイラクに派遣されました。この自衛隊海外派遣が憲法第九条に違反するとして、札幌を皮切りに、名古屋、大阪、仙台、宇都宮、東京、甲府、静岡、京都、岡山、熊本で訴訟が提起されました。

ここでは、名古屋地方裁判所二〇〇七年三月二三日判決、名古屋高等裁判所の判決（二〇〇八年四月一七日）、そしてその翌年の岡山地方裁判所の判決（二〇〇九年二月二四日）について検討します。

・名古屋地方裁判所判決（田近判決）

名古屋地裁に提訴されたイラク派兵違憲訴訟で、田近年則裁判長は、二〇〇七年三月二三日、平和的生存権の具体的権利性を部分的に認める判決を言い渡しました。

判決は、平和的生存権は直ちに具体的権利とは言えないとしながらも、「平和的生存権は、すべての基本的人権の基礎にあってその享有を可能ならしめる基底的権利であり、憲法九条は、かかる国民の平和的生存権を国の側から規定しこれを保障しようとするものであり、また、憲法第三章の基本的人権の各規定の解釈においても平和的生存権の保障の趣旨が最大限に活かされるよう解釈すべき」であって、「憲法九条に違反する国の行為によって個人の生命、自由が侵害されず、又侵害の危機にさらされない権利、同条に違反する戦争の遂行ないし武力の行使の目的のために個人の基本的人権が制約されない権利が、憲法上保障されているものと解すべきであり、その限度では、他の人権規定と相まって具体的権利性を有する場合がありうる」と述べています。また自衛隊海外派兵によって人権侵害を受けた、という主張に対して、「憲法前文及び九条の法文並びにそれらの歴史的経過にかんがみれば、憲法の下において、戦争のない又は武力行使をしない日本で平穏に生活する利益（中略）が法的保護に値すると解すべき場合がまったくないとはいえず、憲法九条に違反する国の行為によって生活の平穏が害された場合には損害賠償の対象となり得る法的利益（人格権ないし幸福追求権）の侵害があると認めることもまったく不可能なことではない」と述べて、平和的生存権もしくは人格権の侵害による損害賠償の可能性を認めています。

この田近判決は、百里基地事件判決の後、平和的生存権の具体的権利性を認めることをためらっていた裁判所の姿勢を変えるきっかけなった判決として、評価されています。

・名古屋高等裁判所判決（青山判決）

二〇〇八年四月一七日の名古屋高等裁判所（青山邦夫裁判長）が、「差止訴訟については当事者適格がない」「損害賠償請求については被侵害利益が未だ生じていない」として原告の請求をしりぞけたものの、その一方で航空自衛隊のイラクでの活動が憲法九条に違反する違憲なものであると認定したことは有名です。青山判決は、イラク現地での航空自衛隊の活動の一部は他国による武力行使と一体化した行動であって、武力行使を禁じたイラク特措法及び憲法九条に違反している、としました。

平和的生存権について、青山判決は次のように述べています。

「平和的生存権は、現代においては憲法の保障する基本的人権が憲法の基盤なしには存立し得ないことからして、全ての人権の基礎にあってその共有を可能ならしめる基底的権利であるということができ、単に憲法の基本的精神や理念を表明したに留まるものではない。」「平和的生存権は、局面に応じて自由権的、社会権的又は参政権的態様をもって表れる複合的な権利ということができ、裁判所に対してその保護・救済を求め法的救済措置の発動を請求し得るという意味における具体的権利性が肯定される場合があるということができる。たとえば、憲法九条に違反する国の行為、すなわち戦争の遂行、武力の行使や、戦争の準備行為等によって、個人の生命、自由が侵害され又は侵害の危機にさらされ、あるいは、現実的な戦争等による被害や恐怖にさらされるような場合、また、憲法九条に違反する戦争の遂行等への加担・協力が強制されるような場合には、平和的生存権の主として自由権的な態様の表れとして、裁判所に対し当該違憲行為の差止請求や損害賠償請求等の方法により救済を求めることができる場合があると解することができ、その限りでは平和的生存権は具体的権利である。」

・岡山地方裁判所判決（近下判決）

青山判決の翌年の二〇〇九年二月二四日、岡山地方裁判所近下秀明裁判長は、損害賠償請求を認めるに足りる法益侵害が生じたとはいえないとして原告の訴えを退け、自衛隊イラク派遣の違憲性の判断には踏み込みませんでしたが、平和的生存権の権利性については、さらに踏み込んだ判断を示して注目されました。

判決は、平和的生存権の裁判規範性（具体的権利性）について「憲法前文第二項で「平和的生存権が『権利』であることが明言されていることからすれば、その文言どおりに平和的生存権は憲法上の『権利』であると解するのが法解釈上の常道であり、また、それが平和主義に徹し基本的人権の保障と擁護を旨とする憲法に即し憲法に忠実な解釈である」と述べ、裁判規範性を肯定しました。そして百里基地訴訟最高裁判決については「平和」が私法上の行為の効力の判断基準とならないとするもので、平和的生存権を否定するものではない、としました。平和の概念が抽象的不明確であるとの批判に対しては、たとえば幸福追求権についての規定と変わりがないと述べ、具体的権利性を否定する論拠にはならないとしました。

また、「平和的生存権については、法規範性、裁判規範性を有する国民の基本的人権として承認すべきであり、本件における原告らの主張にかんがみれば、平和的生存権は、すべての基本的人権の基底的権利であり、憲法九条はその制度規定、憲法第三章の各条項はその個別人権規定とみることができ、規範的、機能的には、徴兵拒絶権、良心的兵役拒絶権、軍需労働拒絶権等の自由権的基本権として存在し、また、これが具体的に侵害された場合等においては、不法行為法における被侵害利益としての適格性があり、損害賠償請求ができることも認められるというべきである」と、きわめて明確に示しています。

近下判決は、百里基地事件判決を乗り越えて平和的生存権の裁判規範性、具体的権利性を正面から認めた大変画期的な判決として高く評価されています。

3　憲法第九条をめぐるこれまでの平和訴訟判決を読み解く

砂川事件からイラク自衛隊派兵違憲訴訟まで、憲法九条をめぐるこれまでの平和訴訟を概観してきました。ここではそれらの判決に共通するいくつかの問題点に絞ってその内容を検討します。

(1)「統治行為論」について

砂川事件最高裁判決が、「統治行為論」を持ち出して、「高度に政治性を有する判断は、一見きわめて明白に違法でない限りは司法審査の対象とならない」として以来、これを踏襲する判決がいくつもみられます。

統治行為論を正当化する理由として、三権分立の原理上、司法権は政治問題を判断すべきでないと言われることがあります。しかし、三権分立の基本原理は権力の区分分離と権力相互の抑制均衡にあります。司法権はその独立を維持しつつ、違憲立法審査権に基づき必要な範囲で政治や行政に対してしっかりとした判断することは当然であり、統治行為論を理由にしていたずらに政治の判断に追随することは、司法の自殺行為ともいえます。

三権分立制を採用するドイツやフランスでも司法は政治問題であっても違憲審査権を行使していますし、米国でも大統領と裁判所が緊張関係にあり、大統領令が違憲であると判断されることがあります。統治行為論の正当化のために「国民主権」が挙げられることがあります。しかし国民主権原理は、人権が正当に保障された下でのみ正常に働くもので、人権の保障と国民主権原理を切り離してはなりません。統治行為論を理由に政治部門に司法が追随することは、結局民主的な政治過程を傷つけてその機能不全をもたらします。人権侵害が問題にされている限りは、裁判所は人権保障の府として、政治部門に憲法を守らせる使命を有しているといえます。

統治行為論は、「一見きわめて明白に違憲」でない限りは政治は何をしても良いというお墨付きをを事実上与えて、憲法が予定している制約から政治権力を解放させる、権力者に「忖度」する理論といって過言ではないのです。

さらに、砂川判決の論理によっても「一見きわめて明白に違憲」な場合には、裁判所は違憲審査権を行使して、憲法秩序の破壊を食い止める責務があるはずです。新安保法制法が憲法第九条の解釈の限界を踏み越えたものである以上、裁判所は「一見きわめて明白に違憲」な場合として司法判断を加えばければならないはずです。

(2) 憲法判断の回避と個別案件の構成要件の実質的解釈等による救済

憲法九条が重要な争点として提起された過去の裁判の中には、憲法上の争点に踏み込まずにそれ以外の論点で決着をつけ、憲法判断を回避するものが多くあります。典型的なものは、前記の恵庭事件です。長沼ナイキ事件控訴審判決や小西自衛官事件の判決も憲法判断を意図的に回避しました。

恵庭事件で裁判所が憲法判断を回避したことの賛否は分かれています。理論的には、裁判所が憲法判断をするかどうかは、違憲審査権を有する裁判所の判断に委ねられており、憲法判断をしなくても結論が出せる場合に、憲法判断をしなければならないということはありません。しかし、恵庭事件では、審理の過程で自衛隊の実態について詳細に証拠調べが行われていたことや、通信線が自衛隊法にいう「防衛の用に供する物」ではないとする判断が恣意的に過ぎるもので、本来は憲法判断を避けるべきではなかったと批判されています。

小西自衛官の事件は、一審無罪となった後に、差し戻し審でも無罪判決になりました。特に差し戻し後の判決が「せん動」の意味を限定的に解釈して無罪としたのは、明らかに憲法判断を回避したものといわざるを得ないとされています。また、「せん動」を処罰の対象としていることは、自衛官の表現の自由を制約することであるから、本来はこの意味でも憲法判断が必要であったと指摘されています。

一方、憲法判断を回避することは、上級審を見据えた裁判官のある種の知恵であった、といわれることがあります。つまり、仮に一審で違憲判断を下してもそれが上級審で覆され合憲判決になる可能性もあるので、違憲判断を下すよりは判断を回避し、無罪とした方が良い、と裁判官の憲法判断回避を善意に解釈する見方もあります。現に、自衛隊を違憲と判断する判決はあっても、自衛隊を合憲とした判決はありません。裁判所の判断回避を、合憲判断を防ぐものとして理解するのです。

しかし、憲法を土足で踏みにじって新安保法制法が強行採決されて以降、そのような消極的姿勢で憲法を守ることができる時代は、すでに終わっているのではないでしょうか。

(3) 平和的生存権をめぐる判例の推移

繰り返しになりますが、もう一度判例における平和的生存権の発展過程を辿ります。

平和的生存権を肯定したのは、長沼ナイキ事件一審の福島判決（一九七三年）が最初でした。ところがその控訴審（一九七六年）は、憲法前文の「平和のうちに生存する権利」の裁判規範性を否定し、憲法九条により「特定の国民の特定利益保護が具体的に配慮されているものとは解し難い」としました。上告審の最高裁判所は平和的生存権について、結論に影響がないとして何の判断もしませんでした（一九八二年）。

百里基地事件控訴審判決（一九八一年）は、平和的生存権が「あらゆる基本的人権の根底に存在する最も基礎的な条件」であるとして一定の理解を示すような姿勢を示しながら、結局は具体的権利性を認めず、当該訴訟における違法性判断の基準にはならない、としました。そして上告審で最高裁（一九八九年）は、「上告人らが平和主義ないし平和的な生存権として主張する『平和』とは理念ないし目的としての抽象的概念であるから」憲法第九条と離れて民法第九〇条の「公の秩序」の内容をなすものでもない、としました。

この百里基地事件控訴審判決や最高裁判決に倣って、憲法前文等に裁判規範性や具体的権利性がないとか、平和の概念は抽象的であるなどとして平和的生存権を事実上否定する判決が出されています。

しかし、これについては後の名古屋高裁青山判決や岡山地裁近下判決が明確に論駁しています。そもそも百里基地訴訟は、憲法が私法上の取引行為に適用されるのかどうかが争点でした。百里基地訴訟最高裁判決は、当該取引が憲法第九条とは別に民法第九〇条の「公の秩序」の内容となるものではない、と述べただけであって、平和的生存権の憲法上の権利性を否定したものではありません。最高裁判所は、平和的生存権を肯定していませんが、かといって否定もしていない、と理解すべきです。

一九八〇年代までは自衛隊の合憲性が争点とされてきましたが、一九九〇年代から、憲法第九条をめぐる議論は変わり始めました。一九九〇年に始まった湾岸戦争で日本は一三〇億ドルもの戦費を支出し、それ以来自衛隊を海外派遣する動きが強まります。憲法第九条をめぐる議論は、自衛隊の合憲性から、自衛隊の海外派遣の合憲性の問題へと論点が移っていきました。この変化は、裁判所の平和的生存権についての判断にも一定の影響を及ぼしていると考えられます。

湾岸戦争での戦費支出等の違憲性を争った市民平和訴訟で、一審の東京地方裁判所は、一九九六年五月一〇日、次のような判決を言い渡しました。

平和的生存権について、それ自体は差止請求できる具体的権利性や裁判規範性はない、としながら、

「（政府が）全世界の国民の平和のうちに生存する権利を確保する『憲法上の責務』に反した結果、基本的人権について違法な侵害抑圧が具体的に生じるときは、この基本的人権の侵害を理由として裁判所に対して権利救済を求めることは可能といえよう」として、具体的な人権侵害に対する裁判上の救済は可能である、としたのです。これは平和的生存権を認める上での、裁判所が示した小さいが重要な一歩であったといえます。

二〇〇〇年代に入ってからのイラク派兵訴訟では、原告の請求を排斥しつつも、一定程度人権侵害の救済に理解を示す判決が出ました。そして、二〇〇七年の名古屋地裁田近判決では平和的生存権の具体的権利性が認められる場合があり得る、としました。その後、すでに詳細にみた通り、二〇〇八年の名古屋高裁青山判決、二〇〇九年の近下判決において、平和的生存権の内容がより明白にされ、また具体的権利性を否定する考えに明確な反論が示されているのです。

二〇一六年一二月一九日、国連総会で平和への権利宣言が採択されました。二〇一七年七月七日、核兵器禁止条約が採択され、早ければ二〇二一年初めにも発効する見通しです（二〇二〇年一〇月現在）。日本国内の平和が一部の人にとってだけのものであってはならないように、世界の平和はすべての国にとっての平和でなければなりません。平和を民衆の権利とみなし、それを実現することが国家の最も重要な責務であることを認めることは、今日の世界の潮流になりつつあります。これからの日本の司法は、このような世界の潮流を見据えたものとならなければならないのです。

第六　あとがき

違憲の新安保法制法が強行採決された二〇一五年九月、この政権による悪夢は一体いつ終わるのだろうかと暗澹たる気持ちになったことを覚えています。内閣法制局長官の首まで挿げ替え、最高裁裁判官人事にまで手を突っ込んで、これまでの保守政党たる自民党政権にはなかった官邸主導の政治が繰り広げられてきました。政権を揺るがすような疑惑が起こるたびに、マスコミを手なずけて問題をうやむやにしながら政権を維持する姿はこれまでにないもので驚きの連続でした。

新安保法制法、共謀罪など賛否が分かれる重要法案、森友・加計問題、桜を見る会の問題などの場面において、安倍首相はいつも「丁寧に説明する」と口にしてきましたが、国会での情報開示や、国民に対しての丁寧な説明は一切なされませんでした。

菅政権に至っては、独立性が保障されているはずの日本学術会議の会員の任命を拒否しました。政府が強行採決などの手法で強引に進めてきた新安保法制法、共謀罪、特定秘密保護法などの政策に批判的立場をとる学者の任命を拒否し、とうとう学問の世界にまで政治が介入してきたのです。独立性を保障するべき組織の独立が失われ、政府に追随するだけの機関や組織となってしまって本当にいいのでしょうか。そもそも人間は過ちを犯す弱い生き物だからこそ、憲法や権力分立が必要だったはずなのですが、官僚の忖度がはびこり、多様な叡智を結集できずに道を誤る。いつか来た道を再びまっしぐらという事態は何としても避けなければなりません。

こうした時代だからこそ、国家の崩壊から国民・市民を守るために、政治部門から独立した裁判所が一層その役割を果たさなければならないと考えます。必要であれば躊躇することなく違憲審査権を行使して当事者を救済し、憲法秩序の破壊を食い止めなければならないのですが、残念ながら今の日本の司法は、そうした憲法と国民の要請にまったく応えていません。

国家の安全保障政策にはさまざまな考えがあります。そもそも自衛隊の存在や個別的自衛権の行使を許すか否か、という点ですら多様な考えがあります。ですが、どのような安全保障政策であろうが、近代立憲主義国家である以上、どうしても守らなければならない則があります。それが憲法です。

政府がどうしても、自衛隊を米軍とともに海外で戦争する軍隊にしたいのであれば、国民の意思で憲法を改正して戦争する国になるしかありません。もちろんそのリスクは国民自身が負うことになります。外国と一緒に戦争する国になっておいて、自分たちだけ被害を受けない、テロの標的にならないなどという虫の良いことが通用するわけはないですから、さまざまな被害を受ける危険を覚悟の上で国柄を変えることになります。

そうした国民の意思を憲法改正国民投票によって問うことなく、一部の政治家の意思で決めてしまうことは許されません。集団的自衛権の行使を認める、米軍の後方支援をするということは、自衛隊が海外で軍隊として活動することにほかならないのですから、安保法制違憲訴訟はこれを憲法改正による国民の意思を問うことなく行うのがおかしいという訴訟なのです。

そして憲法に違反する政治を正すことは裁判所に与えられた権限ですから、それを裁判所はしっかりと行使するべきだと主張しているのです。憲法が許していない政策を放置することによって、さらに敵基地攻撃能力の保持など際限なく軍事的拡大は進んでいきます。

裁判所は政治に口を出すべきではないという人がいます。ですが、政治に枠をはめてその暴走を抑制することが憲法という法の役割です。ですから憲法違反かどうかという裁判所の判断は常に政治的な意味を持つのです。かつては統治行為論という議論がなされたことがありましたが、それはすでに過去のものとなっています。英米仏などにおいても、今日、政治的だからという理由で裁判所が違憲判決をあえて避けることはしません。

裁判所が違憲判決を書くと、任命権者である政府から睨まれて裁判所の人事、予算に介入され、人権保障の役割すら果たせなくなるという声も聞きます。しかし、そんな言い訳をして違憲の現実を見逃すということは、始めから権力分立そして裁判官の職責を放棄しているようなものです。政治に屈服することを承知で裁判官になるのであればそれは国民に対する背信行為であり、この国がすでに立憲主義国家ではなくなっていることを意味します。

裁判官の中になぜ、戦争について、その危険を現実的なものとして捉えられない人がいるのでしょうか。自分が経験していないことは実感をもって理解できないのかもしれません。新安保法制法が成立しただけでは、原告らの生命・身体への危険は抽象的なものであり、具体的な危険とはいえないと繰り返す裁判官は、まるで「ゆでガエル」のようです。日本の経済が危機に陥っていることを認識できずに、構造改革、成長戦略を打ち出せない財界や政府と同じように、司法の世界でも日本が危機的状況にあることに気づかずに、いや気がついていても行動できずにいるエリートが多いということなのでしょうか。裁判官は世間からはエリートとみられます。ですが、エリートとは、自分のためではなく、世のため人のためにその能力を尽くしきれる人、いわゆるノブレスオブリージュを実現できる人なのだと思います。自己保身に走るのではなく、本来の期待された役割を果たす人間が真のエリートです。この安保法制違憲訴訟の判決を書く裁判官にはぜひ真のエリートとしての職責を全うしてほしいと強く願っています。

終戦直後、自らの意志でもない戦争の悲惨事を味あわされた民衆の怒りと悲しみの声を聞いた憲法九条の発案者である幣原喜重郎は外交官であり、総理大臣になったエリートです。彼は「何とかしてあの野に叫ぶ国民の意思を実現すべく努めなくてはいかんと、堅く決心した。」と述懐し、憲法九条をマッカーサーに提案しました。その憲法九条が国民に受け入れられて今日まで重要な役割を果たしてきたのです。いかなる戦争も許さないとする国民・市民の強い意志が、これまで「戦争で一人も殺し殺されることのない日本」を作り上げてきました。

「戦争はまっぴらごめんです」、「政府の行為によって二度と戦争を起こしてはならない」、そう決意した憲法制定当時の国民と今を生きる私たちとでは、戦争体験の有無をはじめとして多くの点で違いがあります。戦後七五年を経て戦争の記憶が薄れた今日だからこそ、裁判官は真のエリートとして、原告や証人の生の声に謙虚に耳を傾け、想像力と共感力を発揮して、今一度、憲法九条が生まれた原点に戻るべきではないでしょうか。

米国では連邦最高裁のルース・ベイダー・ギンズバーグ判事の訃報が伝えられると各方面からその功

績を称える声が上がりました。米国連邦最高裁判事は終身ですから、二人目の女性最高裁判事として指名されてから死去するまで二七年間にわたって性差別の撤廃などを中心にリベラル派判事として大きな影響力を発揮しました。司法が米国社会の発展に大きく貢献したのです。

民主党大統領から指名されたのだから、リベラルな判決を書くのは当然だと考える人もいることでしょう。ですが、共和党のトランプ大統領に指名されたニール・ゴーサッチ判事は、二〇二〇年六月一五日、トランプ政権の敗北と紹介されるような、職場でのＬＧＢＴ差別は公民権法七編に違反するとする判決の多数意見を書いています。指名してくれた大統領を忖度することはしません。ニール・ゴーサッチ判事とブレッド・カノバー判事はトランプ大統領により連邦最高裁判所判事に指名されたのですが、別の事案でもトランプ大統領の意を忖度することなく、あくまでも裁判官の職責を全うし「法の支配」を堅持するために、トランプ政権の政策を否定する判決を支持しています。そして何よりも、米国連邦最高裁判所は、トランプ大統領の政策に対して政治的問題だからといって判断を避けることはしません。むしろ果敢に自由と権利、そして憲法の擁護者として政権にも毅然として対峙しています。こうした姿を見せられると、エリートの矜持とは何かを改めて考えさせられます。日本の司法をこれからも担っていく裁判官には、決して沈黙する司法ではなく、何のために法律家、裁判官になったのかを忘れず、本来の司法のあり方を取り戻してほしいと心から願っています。

この違憲訴訟では全国の連帯を緊密に強化していくために「安保法制違憲訴訟全国ネットワーク」（代表：寺井一弘弁護士）を二〇一六年に結成して活動を展開しています。この訴訟に関わっているすべての原告、弁護士は、支援してくださる多くの国民・市民の皆さんと共に最後まで闘い抜く決意であると確信しています。

本書を出版するにあたって、日本評論社の串崎浩社長には無理をお願いしご負担をおかけしました。串崎社長と日本評論社の多大なる協力をいただけなかったら、本書を世に送り出すことはできませんでした。深甚なる感謝の意を表します。

（伊藤　真）

〔常任的立場で違憲訴訟に携わっている弁護士一覧〕

青木有加（愛知） 青野悠（長崎） 青山邦夫（愛知） 赤嶺朝子（沖縄） 足立修一（広島） 雨松拓真（山梨） 荒永毅（釧路） 有岡佳次朗（東京） 有馬理（長崎） 安藤雅樹（長野） 池末登志博（前橋） 石王大樹（釧路） 石河秀夫（埼玉） 石口俊一（広島） 石黒康仁（神奈川） 伊須慎一郎（埼玉） 泉武臣（鹿児島） 磯秀一良（福島） 伊藤絢子（札幌） 伊藤朋紀（愛知） 伊藤真（東京） 今井一成（長崎） 今橋直（札幌） 岩井知大（神奈川） 岩崎淳司（高知） 上田國廣（福岡） 内河惠一（愛知） 内田雅敏（東京） 内村涼子（東京） 内山新吾（山口） 浦澤佳弘（釧路） 越前谷元紀（福島） 江原健太（宮崎） 大木裕生（福島） 太田久美子（長崎） 大塚武一（前橋） 大村薫（宮崎） 大本崇（岡山） 大脇雅子（愛知） 岡澤史人（釧路） 小笠原伸児（京都） 小笠原忠彦（山梨） 岡田尚（神奈川） 岡村正淳（大分） 奥村朋子（女の会） 長田清明（山梨） 賀川進太郎（岡山） 梶原守光（高知） 加藤英輔（山梨） 加藤啓二（山梨） 加藤裕（沖縄） 金井厚二（前橋） 金井英人（愛知） 金杉美和（京都） 金丸祥子（宮崎） 椛島敏雅（福岡） 冠木克彦（大阪） 亀井正照（大分） 鴨志田祐美（鹿児島） 柄夛貞介（愛知） 川島陽介（長崎） 河田英正（岡山） 河原昭文（岡山） 菊地智史（東京） 北澤貞男（埼玉・東京） 北中茂（福岡） 喜多村治雄（東京） 工藤勇行（広島） 國嶋洋伸（福岡） 久保山博充（宮崎） 倉本和宜（釧路） 栗田洋亮（前橋） 黒岩哲彦（東京） 小池さやか（長野） 河野聡（大分） 湖海信成（京都） 古川健三（東京） 児玉勇二（東京） 後藤好成（宮崎） 小内克浩（埼玉） 小西憲臣（釧路） 小林ゆき（愛知） 小林幹寛（愛知） 今瞭美（釧路） 今重一（釧路） 金馬健二（岡山） 齊田紀子（女の会） 齋藤宙也（神奈川） 齋藤道俊（釧路） 齋藤祐介（沖縄） 阪口剛（釧路） 坂田洋昭（鹿児島） 櫻井聡（大阪）

櫻井みぎわ（神奈川）佐々木淳夫（大分）佐々木新一（埼玉）佐々木誠（釧路）佐藤圭（釧路）佐藤浩太郎（広島）佐藤剛志（福島）佐藤芳嗣（長野）塩地陽介（宮崎）篠田奈保子（釧路）島翔吾（福岡）嶋田久夫（前橋）島村海利（東京）清水洋二（東京）清水善朗（岡山）下澤悦夫（愛知）下山順（前橋）白鳥努（鹿児島）城間博（沖縄）秦雅子（女の会）杉浦ひとみ（女の会・東京）鈴木智之（前橋）鈴木幸子（埼玉）関本立美（山梨）関守麻紀子（神奈川）平裕介（東京）高木吉朗（沖縄）髙崎暢（札幌）髙野亜紀（高知）髙橋瑞穂（神奈川）高林藍子（高知）滝悠樹（前橋）武部雅充（釧路）竹森裕子（神奈川）竹森雅泰（広島）武谷直人（東京）立田久義（岡山）田中健太郎（札幌）田中礼司（山口）棚橋桂介（東京）角谷次郎（大阪）谷脇和仁（高知）田畑元久（山口）田村洋三（東京）爲末和政（広島）辻田航（東京）角田由紀子（女の会・東京）出口治男（京都）寺井一弘（東京）寺山倫代（岡山）永井哲男（釧路）永尾廣久（福岡）中川匡亮（愛知）中川潤一（釧路）中川瑞代（女の会）長倉智弘（山梨）中鋪美香（長崎）中谷雄二（愛知）中西法貴（高知）中野尊仁（釧路）中野宏典（山梨）中野麻美（女の会・東京）中原正樹（釧路）中村照美（沖縄）中村尚志（長崎）永山健太郎（福島）仲山忠克（沖縄）成合一弘（宮崎）成田悠葵（札幌）成見暁子（宮崎）成見幸子（宮崎）成見正毅（宮崎）名和田茂生（福岡）西川基子（女の会）錦織明（東京）根岸秀世（大分）端野真（広島）橋本佳子（東京）長谷川亮（釧路）長谷川知正（愛知）林良太（高知）東隆司（岡山）兵頭充紀（福岡）平井宏和（愛知）平田かおり（広島）平松清志（愛知）廣田繁雄（前橋）広田次男（福島）福崎博孝（長崎）福崎龍馬（長崎）福田護（神奈川・東京）福留英資（福岡）福山和人（京都）藤本明（札幌）藤原充子（高知）藤原航（大阪）古本武男（山口）白充（沖縄）細谷文規（鹿児島）前田昌宏（鹿児島）前田裕司（宮崎）増崎勇太（長崎）増田博（鹿児島）増田良文（宮崎）松岡幸輝（広島）松田幸子（宮崎）松田訓明（山口）松田弘子（山口）松本篤周（愛知）松本啓

太（沖縄） 丸谷誠（釧路） 三澤信吾（京都） 南拓人（高知） 簑田孝行（福岡） 宮本敦（岡山） 村山耕次郎（鹿児島） 毛利崇（京都） 森卓爾（神奈川） 森田基彦（京都） 森永正之（長崎） 保澤享平（鹿児島） 山岸重幸（長野） 山際誠（山梨） 山口耕司（釧路） 山口剛史（高知） 山崎あづさ（福岡） 山崎博幸（岡山） 山田秀一（宮崎） 山田延廣（広島） 山本志都（女の会） 山本直（山口） 山本真邦（長崎） 横山詩土（山口） 吉田玲英（札幌） 吉田良尚（長崎） 吉田翔太（釧路） 吉村駿一（前橋） 依田有樹恵（広島） 和田清二（長野） 渡邉則芳（福島） 渡邉一生（広島） 和田森智（広島）

《編著者紹介》　＊印は編者

寺井《てらい》一弘《かずひろ》＊
1970年弁護士登録、日本弁護士連合会（日弁連）常務理事、東京弁護士会副会長、日弁連刑事弁護センター委員長、日弁連事務総長、司法試験管理委員会委員、日本司法支援センター（法テラス）理事長、安保法制違憲訴訟全国ネットワーク代表、著書『まちづくり権』（花伝社）、『西欧諸国の法曹養成制度』（日本評論社）、『刑事弁護の技術』（第一法規）、『アメリカの刑事弁護制度』（現代人文社）、『法テラスの誕生と未来』（日本評論社）『自衛隊の変貌と平和憲法』（現代人文社）、『平和憲法の破壊は許さない』（日本評論社）

伊藤《いとう》　真《まこと》＊
司法試験合格後、真の法律家の育成を目指し、司法試験の受験指導にあたる。伊藤塾塾長、法学館憲法研究所所長。日本国憲法の理念を伝える伝道師として、講演・執筆活動を精力的に行う。日弁連憲法問題対策副本部長、安保法制違憲訴訟全国ネットワーク代表代行、弁護士として「1人1票実現運動と裁判」にも取り組む。NHK「日曜討論」「仕事学のすすめ」等マスコミなどにも多数登場。専門書、一般書著書多数

大塚武一《おおつかたけいち》
1976年弁護士会登録、群馬弁護士会常議員、群馬弁護士会副会長、群馬県中小企業労働相談員、前橋地方裁判所調停委員、群馬弁護士会司法修習委員会委員長、群馬弁護士会会長、関東弁護士連合会理事、「法テラス」群馬所長、安保法制違憲訴訟群馬弁護団共同代表

古川健三《こがわけんぞう》
1995年弁護士登録、法務省人権擁護委員、一般民事・家事・行政事件を手掛ける傍ら、在日外国人の人権問題、憲法問題や環境問題などに取り組む。安保法制違憲訴訟東京弁護団事務局長。著書「在日朝鮮人と日本社会」（明石書店）など

棚橋桂介《たなはしけいすけ》
2013年弁護士登録、日弁連憲法問題対策本部事務局員、東京弁護士会憲法問題対策センター副委員長、安保法制違憲訴訟東京弁護団事務局次長、安保法制違憲訴訟全国ネットワーク事務局長

安《あん》保《ぽ》法《ほう》制《せい》違《い》憲《けん》訴《そ》訟《しょう》――私《わたし》たちは戦争《せんそう》を許《ゆる》さない

2020年11月 3 日　第 1 版第 1 刷発行
2020年11月20日　第 1 版第 2 刷発行

編著者　寺井一弘・伊藤　真
発行所　株式会社　日本評論社
〒170-8474　東京都豊島区南大塚3-12-4
電話　03-3987-8621（販売）　-8611（編集）
FAX　03-3987-8590（販売）
振替　00100-3-16　https://www.nippyo.co.jp/
印刷所　精文堂印刷
製本所　難波製本
装　幀　銀山宏子

ISBN978-4-535-52528-3　Printed in Japan